夫が怖くてたまらない

梶山寿子

ディスカヴァー
携書
167

はじめに

相手の顔色を窺ってビクビクする暮らしはもうイヤだと思っているあなたへ――。

「あなたは悪くない。あなたは決してひとりじゃない」

被害者の女性にそう伝えたい一心で、この本を書き進めた。


わたしがドメスティック・バイオレンス（ＤＶ）に関心を持ったきっかけは、本書にも登場する友人、香澄が被害者だと知ったことである。

だが、取材をはじめると、周囲にはたくさんの〝香澄〟がいることが明らかになった。いままで身近に接していた女性たちが、実は被害者であったことを知ったのだ。

「あのね、いままで言えなかったんだけど、実はわたしも……」

そんな告白を、これまでに何度聞いたことだろう。

皆、バリバリと仕事をこなす明るい女性ばかり。「えっ、この人も」と驚くと同時に、ドメスティック・バイオレンスの普遍性を再確認したのである。

声をあげられずに苦しんできた彼女たちにも、冒頭の言葉を届けたい。

わたしがアメリカでこの問題の取材をはじめたのは1990年代半ばである。そのころ日本では、「ドメスティック・バイオレンスは犯罪である」という認識はまったく広がっていなかった。

「ただの犬も喰わない夫婦ゲンカだよ」「アメリカと日本はちがうよ」

そんな軽い言葉で問題の深刻さを封印し、醜い現実から目をそむけていたのだ。


だが被害者は確かにいた。


彼女たちは〝個人的な問題〟を公にすることを社会から許されていなかっただけ。まるで自分に課せられた崇高な任務のようにひたすら沈黙を守り、「すべてわたしが悪いんだ」「わたしさえ我慢すればいい」と言い聞かせて、理不尽な暴力にじっと耐えていたのである。

あれから20年。日本の社会も少しずつ変わった。

とりわけ、2001年に「ドメスティック・バイオレンス防止法（配偶者からの暴力の防止及び被害者の保護に関する法律、通称・DV防止法）」が施行されたことは、大きな前進といえるだろう。

「配偶者間の暴力は犯罪である」

そう明言した法律ができたことで、行政の対応や人々の意識は変わった。

「警察は民事不介入」「単なる家庭内のもめ事だから」と、泣き寝入りを強いられてきた被害者が、やっと堂々と助けを求められるようになったのだ。

ＤＶ防止法によって導入された「保護命令」（加害者が被害者に近づくことを禁じたり、自宅からの退去を命じる裁判所の命令）の発令が年２５００件を超えるなど、隠蔽されてきた被害の実態が、近年、少しずつ表面化してきている。

とはいえ、法律ができたことはゴールではない。

新聞やテレビで「ＤＶ」という略語があたりまえのように使われるなど、確かに、ドメスティック・バイオレンスという言葉は社会に浸透した。年末恒例の「流行語トップテン２００１年」に選ばれたこともあるし、「ヒロインはＤＶ被害者」という設定の小説やドラマも珍しいものではなくなった。

それはそれで歓迎すべきことである。だが、この犯罪の本質を正しく理解している人は、果たしてどれだけ増えたのだろう。

政治家や官僚、警察、司法関係者が、ほんとうにこの問題の本質を理解し、国をあげて取り組むべき社会問題だと捉えているのなら、対策はもっと進んでいるのではないか。そう思わずにはいられないのだ。

一方、被害者のほうも「DVという言葉は知っている。でもわたしの場合はDVじゃない」と思っている、いや、思い込もうとしている人が少なくない。

ドメスティック・バイオレンスというと、殴る蹴るといった身体的暴力を思い浮かべる人が多いが、それは虐待のほんの一部にすぎない。

近年、注目されている夫婦間のモラハラ（モラル・ハラスメント）も、ドメスティック・バイオレンスの一部である。日常的に繰り返される暴言、陰湿な脅迫、子どもへの虐待、ストーカー行為など、あらゆる手段を使って相手の自尊心を砕き、マインドコントロールをすることが〝暴力〟なのだ。

深刻なのは身体の傷ではなく、心の傷である。

こうした体験が被害者のトラウマとなり、悪夢にうなされる、夫と似た男性を見ただけで身体の震えがとまらないといったPTSD（心的外傷後ストレス障害）に悩まされるが、その苦しみを周囲は理解してくれない。そのことが被害者をいっそう孤立させてしまうのだ。

加害者の洗脳によって被害者が被害を訴えないこともあり、実態はなかなか表面化しない。全国の「配偶者暴力相談支援センター」には、年に10万件以上もの相談が寄せられているが（2014年度）、これも氷山の一角ではないだろうか。

全国の警察が把握したDV被害は、2015年に過去最多の6万3000件超を記録するなど、DV防止法施行から15年が経っても、被害が減る兆候は見られない。

それどころか、被害者が事前に警察に相談していても防げなかった凶悪なDV殺人事件が、以前にも増して目につくように思う。

2010年2月には、宮城県石巻市で、18歳の少女の姉と友人が、少女の元交際相手の少年に刺殺される事件があった。看過できないのは、少年からのDVについて少女が10回以上も警察に相談していた事実だ。

2016年2月には、札幌市で30歳の男が離婚した元妻の母親を刃物で殺害、元妻にも重傷を負わせる事件も起きている。被害者の母娘は加害者のDV行為や脅迫に怯え、何度も警察に相談していた。それでも事件は防げなかったのだ。

2013年、東京都三鷹市で、高校3年の女子生徒が元交際相手に自宅で襲われて殺害された、いわゆる「三鷹ストーカー殺人事件」でも、被害者は学校や警察に相談をしていた。殺された女子高生がタレント活動をしていたこともあり、この事件はメディアで大きく扱われたため、記憶している人も多いだろう。

また、三鷹の殺人事件では、リベンジポルノ（別れた恋人や配偶者への報復として画像をネットに投稿する嫌がらせ）の問題を広く知らしめるきっかけとなった。リベンジポルノもネット時代のDVのひとつと考えられるが、そういう視点の報道はあまり見られなかったのが残念である。

DV防止法があろうがなかろうが、家庭内という密室は、まさに無法地帯。だからこそ、命の危険を感じたときは、ひとりで悩むのはやめて、思い切って逃げてほしい。

幼いころから女性たちは、「お外は危ないから気をつけなさい。女の子なんだから用心しなさい」と言われ続けてきた。

だがアメリカの統計は、まったく逆の事実を突きつける。いちばん危険なのは「お外」ではなく「お家のなか」。「女性が身体的暴力にあう危険性は、家の外に比べて9倍も高い」のだと。

目をそむけたくなるような惨状を見聞きしてきたわたしでさえ、この逆転を受け入れることには躊躇してしまう。

安全だと思っていた家庭が〝戦場〟になり、もっとも信頼できるはずの夫や恋人が〝敵〟となることが、被害者をいっそう混乱させることは想像に難くないのである。

自分を守るために必要なのは、この犯罪に関する知識をつけることである。

「まさかこんなことになるなんて、思いもよらなかった」

被害者はそう口を揃えるが、ほんとうにそうだろうか。

実はドメスティック・バイオレンスは、予測ができる犯罪なのだ。

本書をお読みいただければわかるように、洋の東西を問わず、被害者の体験談はどれも酷似している。

虐待の渦中にある人は「まるでわたしのことが書かれているみたい」と思うのではないだろうか。加害者のマインドコントロールの手法は、それほど似通っているのだ。

裏を返せば、ある程度知識がつけば、加害者の次の行動が予測できるということ。取材を通じ、わたし自身もそれを実感した。まるで〝預言者〟のように、彼らの言動を言い当てられるのだ。

「そういえば、あのとき……」

「いま思えば、最初から気になってはいたの」

彼女たちは、こんなフレーズもよく口にする。

前兆はあった。直感という危険察知能力がそれをキャッチしていたのに、認めたくなくて目をそらしていただけ。

つまり、加害者の行動の特徴と、暴力へつながる危険信号を理解していれば、ドメスティック・バイオレンスによる被害は回避できるのだ。

こういう作用を「情報が力になる」というのだろう。

この本も、そのためにあるといっていい。

本書は暴力から「逃げる」ための実践的なマニュアルではなく、被害者に「気づき」を促すものである。

被害者が自身が置かれている状況を自覚することが、ＤＶから脱するための第一歩。自分を大事にして、自分の人生を選び直すための重要なプロセスなのだ。

夫や恋人との関係に悩んでいる人、知人・友人にＤＶ被害者がいる人に、読んでいただければ幸いである。また、被害者を保護、支援する側のみなさんには、アメリカのＤＶ対策における女性リーダーのパワフルな活躍ぶり、脱暴力のためのプログラムや暴力防止教育の内容なども参考になるのではないだろうか。

ドメスティック・バイオレンスという犯罪は、家庭を戦場に変える。

どのようにして愛と信頼が壊れ、悲劇が繰り返されるのか。

まず、ある女性の体験を通して、この犯罪の病巣をさぐってみたい。

「わたしの体験とそっくりだ」

そう感じた人は、ぜひ読み進めてほしい。

あなたはひとりじゃないと、わかるはずだから。

夫が怖くてたまらない

目次

はじめに　2

序章

第1章　なぜ逃げられない　知られざるDVの真実

第4章　ＤＶ防止法後も変わらない「いい妻」の呪縛

第5章　モラハラという虐待

第6章　暴力の鎖を断ち切るために

第7章　DV根絶を目指す、アメリカのリーダーたち

序章

親友の告白

香澄は平凡な家庭に生まれ、ごくあたりまえな程度に不自由のない、普通の暮らしをしていた。薄幸な子ども時代を過ごしたわけでも、突飛な人生を歩んだわけでもない。才能や容姿にも恵まれ、友だちもたくさんいた。

歯車が狂いはじめたのは、就職して3年目に結婚を決めてからである。

まるで入念にプロットが練られた推理小説のように香澄の話は展開する。しかし、これは小説でも映画でもなく、この日本で起こった現実の物語なのだ。

そして、あなたの周りでも、きっと似たような悲劇が繰り返されているにちがいない。そばにいるあなたも気づかないうちに。

1994年のある日。

当時、ニューヨークに住んでいたわたしは、いつものようにテレビを見ながら夜更かしをしていた。

ベッドサイドの電話が鳴る。

「もし、もし……。起こしちゃった?」

遠慮がちにたずねる声は、日本にいる香澄だった。

日本とニューヨークの時差は14時間。日本では昼ごろであろうか。

なつかしい友の声。だが、そのトーンは心なしか暗かった。悪い予感に胸がざわつく。

あたりさわりのない近況報告を続けながら、わたしは片手でテレビのリモコンをつかみ、テレビを消した。現場からの報告を続けるCNNのリポーターの姿がプツッと消え、グレーの画面に吸い込まれていく。

わたしは受話器を持ち替え、思い切ってこう切り出した。

「ところで、ねえ、何かあったの?」

沈黙が重い。

ひと呼吸置いたあと、彼女はぽつりぽつりと語りはじめた。

結婚生活がうまくいっていない。もう、どうしたらいいかわからない、と。

香澄はわたしが日本を離れる少し前に結婚していた。

大学卒業後、男性と肩を並べて働こうと希望に燃えて就職。だが、職場の環境は予想以上に厳しかった。

日ごとに増すストレスのなか、彼女は半ば自暴自棄になり結婚に急いだ、いや、結婚に逃げたのである。

そんな友のあせりを我が事のように感じたわたしは、余計なおせっかいとは知りながら、「ほんとうに、いいの?」と何度も念を押した。つき合いは浅く、相手のことを香澄が深く理解しているとは思えなかったからだ。

結婚後、「お酒を飲むと荒れる」という噂も耳に入ってきた。度を越えた嫉妬深さなども次第に明らかになり、わたしの彼に対する不信感は募っていったのである。

でも、その程度なら世間でよく聞く話だ。夫婦関係はぎくしゃくしていたが、最悪の事態は誰も予測していなかった。

実際、わたしが一時帰国した折、夫妻とともに食事をしたこともあり、そのときは和やかな時間を過ごしていた。かわいい子どもも生まれ、傍目には幸せな家庭を築いているようにさえ見えたのだ。

いったい何があったのだろう。

決定的な何かが起こったにちがいない。我慢強い彼女をここまで追いつめた何かが。

「もうだめ」と繰り返していた香澄が、観念したように、こう言った。

「彼、殴るのよ。わたしを……。もう、何度も殴られているのよ。きっと、わたしにも悪いところがあるんだと思う。もっと、彼の事考えてあげなきゃいけないのかもしれないけど、でもね……」

わたしは言葉を失った。

こんなとき、いったいどんな言葉をかけてあげればよいのだろう。

慰め？　励まし？　同情？

予期せぬ事態に頭のなかが真っ白になる。

次の瞬間、わたしはこう叫んでいた。

「ねえ、それってアメリカではドメスティック・バイオレンスっていうのよ」

「ドメスティック・バイオレンス？　何それ、どういう意味？」

「家庭内の暴力。パートナーから虐待を受けることなんだって。それは犯罪なのよ。あなたは自分を責めなくていい。香澄は被害者なのよ」

ＯＪ・シンプソン事件が変えたアメリカ

当時、アメリカでは、ドメスティック・バイオレンスという犯罪がにわかに注目を集めていた。

きっかけとなったのは「ＯＪ・シンプソン事件」である。

フットボール界のスターだったＯＪ・シンプソンが、前妻ニコールとその友人を殺したとされる事件。その裁判が、異常ともいえるほどにアメリカ国民の関心を集めていたのだ。

誰もが事件の一部始終を熟知しており、翌日から陪審員のひとりになれるほど裁判の経過にも精通していた。職場やレストランやバーで、事件に関する話題や議論が途切れることはなかったのである。

「メディア・サーカス」と皮肉られた過剰な報道合戦。

そのなかで、ＯＪのニコールに対する虐待が詳細に暴かれていく。

ＯＪに殴られて腫れ上がったニコールの顔。

恐怖のあまり「９１１」（日本の１１０番）に助けを求めたニコールの悲痛な叫び声。

死を予感し「今度こそ殺される」と綴った彼女の日記。

数々の証拠が積み上げられる過程で、〝国民的ヒーロー・ＯＪ・シンプソン〟の偶像が崩れ去っていく――。


ニコールの悲劇を自分に重ね、恐怖を募らせた女性たちは数知れず。マスコミは争ってドメスティック・バイオレンスの特集を組み、大統領を含めた政治家たちも動きはじめた。結果として、ドメスティック・バイオレンス対策は飛躍的な進展を見せたのだ。

周囲のアメリカ人と同様、この波に知らず知らずのうちに呑み込まれていたわたしも、ドメスティック・バイオレンスという犯罪にすっかり詳しくなっていた。

しかし、まさかこんなに身近に被害者がいるとは思ってもみなかったのである。

わたしが発した「犯罪」という言葉に、香澄が新鮮なショックを受けているのが受話器越しにも伝わってくる。

いままで誰にも言えずに苦しんできたにちがいない。そうだ、「あなたは悪くない」ということを告げねばならない。

ニューヨーク・タイムズやCNNで仕入れた断片的な知識を総動員して、わたしは一気に饒舌になった。

「OJ・シンプソン事件って知ってるでしょう？　あれもドメスティック・バイオレンスなのよ。OJはずっと奥さんのこと虐待していたのよ。最近アメリカじゃ、この話題ばかりだからすっかり詳しくなったわ。夫に虐待されている妻は実はたくさんいて、逃げてきた女性をかくまうための施設もずいぶんあるみたい。女性が強いと言われるアメリカでも、まだまだ妻の立場は弱いのよ」

「殴られるわたしが悪い」と自責の念にとらわれていた香澄はひどく驚いていた。

まさか自分が犯罪の被害者で、同じ立場の女性がアメリカにたくさんいるとは、思ってもみなかったのだろう。

「日本ではシンプソン事件をそんなふうに報道してないけど……」

彼女はまだ半信半疑だ。

「それは、報道する側に問題意識がないからよ。でもね、こっちでは、この事件をきっかけに助けを求める女の人がすごく増えているし、クリントン大統領だって対策に動き出したわ。いい？　妻を殴った夫は逮捕されるのよ。犯罪なんだから。とにかく、あなたは自分を責めなくていいのよ」

畳みかけるわたしの言葉は、電話の向こうの彼女にわずかな勇気を与えたようだ。

そして、いままで「自分の恥」として胸に秘してきた出来事の数々を、彼女は少しずつ語りはじめた。親にさえ相談できなかった夫婦の葛藤を。

気に入らないことがあるとすぐに罵倒された。それでも収まらなければ殴られ、蹴られた。腹立ち紛れに、家具や調度品を手あたり次第投げ散らかすのは日常のこと。

「浮気をしている」と勝手に思い込み、執拗に彼女をなじるのである。

会社には日に何度も電話をかけ行動をチェック、バッグの中身も調べられ、アドレス帳も奪われた。すべて度を越えた嫉妬心からである。

暴行を受けたあと、腫れた顔を厚化粧でごまかして会社に行った。遅刻も増え、「おかしい」と気づいた人もいたようだが、思い切って彼女に事情を聞く者は少なかった。

自分から打ち明けても、結果的に変な噂になるだけと、香澄はあきらめていた。

「殴られるような悪妻なのだ」と中傷の的になるのは目に見えていたからだ。

「離婚はしない」

こうして、精神的にも肉体的にもボロボロになりながらも、「まだ、やり直せる。なんとかなる」と考えていたのだろう。

子どものこともある。世間体もある。

「離婚は考えていない」

長い打ち明け話の最後に、きっぱりと彼女は言った。

「逃げられない妻」

「潜在化する夫の暴力」

これまで雑誌や新聞で何気なく目にしてきた言葉が、リアリティを伴ってわたしに迫る。被害者である妻が、どんな酷い仕打ちを受けても離婚に踏み切らないというのは、こういう心理状態なのだと、わたしは瞬時に納得した。


だが、被害者は遠いところに住む見知らぬ女性や、スクリーンでしか見たことのない映画スターではない。ほかでもない自分の親友なのだ。放っておくことはできない。かといって、太平洋を隔てた外国に住んでいては、病院につき添うことも、かくまってあげることもできない。

そんな己の無力さがむなしかった。


無論、遠く離れているからこそ、真実をさらけ出せたのかもしれない。

だがわたしにできることといえば、深夜の国際電話でこうして話を聞いてあげることぐらい。万一に備え、証拠としてけがの写真を撮ったり、病院で診断書を書いてもらうようにと、いかにもアメリカの住人らしい実用的なアドバイスをしながら、「もっとマシなことは言えないのか」と、我ながら情けなくなったのである。

そんなわたしの胸のうちを知ってか知らずか、香澄は思いがけず明るい声で、こうつけ加えた。

「こんな苦しい気持ちを抱えているのはわたしひとりじゃないってわかって、すごく救われたわ。なんだか元気になったみたい。やっぱり電話してよかった」


その言葉にわたしが逆に救われた。

そしてそのひと言が、すべてのはじまりとなった。


「これは犯罪なのだ。殴られているあなたは被害者なのだ」

そう伝えるだけで、被害者の女性の心はずいぶん軽くなる。

まるで、暗黒の闇に一条の光がすっと差し込むように。

自分が被害者だと知ることで、女性たちは別居、離婚と、前に向かって一歩踏み出す勇気を持つことができるのだ。


「あなたは悪くない」と言ってあげること。

我慢強く、じっと話を聞いてあげること。

それが周囲の人間がしてあげられる最善の行動のひとつであることを、のちにわたしは知る。

このとき、深夜の国際電話でわたしが親友のために無我夢中でとった態度は、結果的に見ると、あながちまちがってはいなかったのだ。

電話を切ったあとも、しばらく寝つけずに、ぼんやりと高く白い天井を眺めながら、彼女のことを考えていた。

外では相変わらず、何台もの救急車やパトカーがけたたましくサイレンを鳴らし、走り去っていく。こうした〝雑音〟は、いわばマンハッタンのＢＧＭ。慣れるとまったく気にならない。

でも、このサイレンのどれかが、夫に銃で撃たれた妻を病院に運ぶためのものかもしれない。いま通り過ぎたパトカーは、妻の「９１１」を受けて現場に向かっているのかもしれない。そんな考えがふと浮かんだ。

この国では病院のＥＲ（救急救命室）に運ばれる女性患者の3分の1以上が、ドメスティック・バイオレンスの被害者であるという。

ドメスティック・バイオレンスとは、それほど身近な犯罪なのだ。

90年代半ばの日本では、この問題はほとんど重要視されていなかった。しかし、水面下では被害は確実に広がっているにちがいない。ただ顕在化していないだけだ――そう考えたわたしは、ドメスティック・バイオレンスについて取材を進める決心をした。

アメリカで集めた資料の一部を日本の香澄に送ると、「まるでわたしのためだけに書かれているみたい」と驚いていた。

暴力の恐怖に震える女性の心理に日米のちがいはなさそうだった。

「あなたはひとりじゃない」と伝えるだけで、どれだけの女性が救われるであろうか。何かに駆り立てられるように、わたしは取材を続けた。

ドメスティック・バイオレンスとは何か

「ドメスティック・バイオレンス」という用語は、70年代から欧米で使われはじめた。夫や前夫、恋人、元恋人など、婚姻関係の有無を問わず、親密な関係にあるパートナーからの精神的虐待や身体的・性的暴力を指す。

直訳すれば「家庭内の暴力」だが、子どもが親を殴るという意の「家庭内暴力」や、婚姻関係のある夫婦だけに限定される「夫婦間暴力」とは意味合いがちがうため、日本でも「ドメスティック・バイオレンス」という原語のまま使用されている。

またアメリカでは、「パートナー・バイオレンス」という言い方もあり、被害者の女性を「バタードウーマン（Battered Women・殴られる女性という意）」、加害者を「バタラー（Batterer）」と呼ぶが、こうした用語は日本ではそれほど定着していないようだ。

近年「ドメスティック・バイオレンス」「DV」という言葉は、日本でも広く知られるようになった。だが、言葉の浸透と真の理解は別物らしく、この犯罪に対する誤解や偏見は依然として存在する。

「最近、そういうニュースはよく聞く。でも一部の人に起こる特殊な問題でしょ」

「さっさと逃げない女性も悪い」

そう思っている人が、まだまだ多いのではないだろうか。


暴力夫というと、殴る、蹴る、首をしめる、家具を壊すといった「身体的暴力」をまず思い浮かべるが、虐待はそれだけを指すのではない。

高圧的な物言いや、平気で嘘をついたり、外見や行動をなじるといった「言葉の暴力」、家族や友人から孤立させ、常に行動を監視したり、脅迫したりする「心理的攻撃」、生活費を渡さず、仕事も辞めさせて経済的自由を奪う「経済的虐待」、避妊に協力しない、セックスを強要するなどの「性的虐待」も含まれる。


日本でもよく聞かれる「誰に食べさせてもらってると思っているんだ！」というセリフは、言葉の暴力、精神的虐待と見なすことができる。

さらに、名前を呼び捨てにしたり、人前で平気で妻をけなすことも、アメリカのマニュアルに従えば危険信号点滅である。「おまえみたいなバカな女、俺しか面倒見てやれないぞ」などと、ことあるごとに罵ることはりっぱな虐待なのだ。

また、「ストーカー」も、典型的な行動のひとつだ。

「妻が不倫しているのでは」という根拠のない妄想にとり憑かれて、電話を盗聴したり、尾行を繰り返す。また、妻の職場に日に何度も電話をかけ、行動をチェック。少しでも不審に思う点があれば、執拗に問い詰めて、攻撃を加えるのだ。

妻の友人に脅迫電話をかけ、交友関係を壊したり、妻の悪口をでっち上げ、近所や職場にふれまわる夫もいる。

外出の自由を奪い、文字どおり、妻を家に閉じ込めてしまう場合も。そうして妻を孤立させ、精神的に追い込んだうえで、「夫しか頼る者はいない」という状況をつくってしまうわけだ。


相手が大事にしているもの、たとえば、妻がかわいがっているペットを傷つけたり、殺したりする夫もいる。

そして、多くの場合、子どもにも暴力の矛先が向けられる。

このように、ドメスティック・バイオレンスとは、さまざまな側面の虐待が複雑に組み合わされた、日常的な暴力のことを意味する。

すべては相手を自分の意のままにコントロールするため。

あらゆる暴力や陰湿な嫌がらせは、その〝洗脳〟のための手段にすぎないのだ。

罪の意識がなく、自分の暴力行為を否認するなど、加害者の言動には共通したパターンが見られ、その虐待は一定のサイクルを繰り返す。

詳しくは後述するが、暴力が爆発したあとは「ハネムーン期」と呼ばれる懺悔の期間があり、反省の言葉とプレゼントで被害者の女性に許しを乞う。

だが、その後、再び緊張が蓄積され、次の暴力サイクルがはじまるのである。

幸せなはずだった結婚

香澄も、典型的なマインドコントロールの罠にはまっていた。

10年前の結婚披露パーティーの様子を、わたしはぼんやりと覚えている。会場は祝福の声に満ちていた。香澄のウエディングドレス姿は可憐で美しく、ひと回り年上で長身の花婿は、若い花嫁をサポートする頼もしい存在に思えた。

きちんとつき合いはじめてから、わずか4ヶ月でふたりは入籍した。

結婚を急かしたのは夫である。香澄の両親も手放しでは賛成しなかったが、それを気に病む彼女に対して、「結婚を先延ばしにして何か変わるのか。そんな心配をするなんて、親と自分とどちらが大切なんだ」と詰め寄り、決断を迫ったという。自分のボロを見せたくないためか、暴力をふるう男性は結婚を殊更に急ぐ傾向があるのだ。

急に決まった話ゆえ、準備もままならなかった。そこでホテルの宴会場を借りて、簡単なパーティーを開くことにしたのだ。

「幸せの絶頂」にいるはずの新郎新婦だが、その様子はどこかおかしい。

控え室では新郎が険しい表情で不平を言うのも耳にした。

のちに聞いた話では、花束を持ってきてくれた会社の男性の同僚に腹を立て、

「いったい、アイツとはどんな関係なんだ！　デキてるんじゃないのか」

と騒いでいたのだという。


「思い返せば、結婚前から彼は嫉妬深かった。でもそのときは『それほどわたしのことを愛しているんだ』とか、『そんなに心配してくれているんだ』と好意的に解釈していたのよ」

仲の良い両親を見て育ったため、結婚すれば幸せになれる、誰かと暮らすことは心地よいことだと、香澄は単純に信じていた。

「仕事でストレスが溜まり、自分自身を失いかけていた。寂しかったし、相談できる人がそばにいてほしくて……。相手の人格まで、あまり深く考えなかった。結婚というものを甘く見ていたのね」


後悔はあっと言う間にやってきた。

入籍をすませたあと、両親と食事をしたが、そのときも夫の機嫌は悪かった。両親の前で夫がどなり出したりしないかと、気が気ではない。ほんわりとした幸せな新婚気分など微塵も感じることはできなかったのである。

「このときはじめて、失敗したなって、はっきりと悟った。たいへんなことになったなって。でも、それを認めたくないという気持ちも強かったと思う」

最初のころは、すべて酒のせいだと考えていた。

酒を飲むと人が変わったようになり、根も葉もないことを並べ妻を罵倒する。

顔色を窺いながらドキドキしたが、「酒好きの男性はきっとみんなこんな感じなんだ。わたしの接し方が悪いのかもしれない。ひとり暮らしに慣れていたから、自分勝手になっていたのかな。もっと思いやってあげなきゃ……」と自分に言い聞かせていたのだ。

2ヶ月で暴力が顕在化

香澄は結婚後も仕事を続けていた。

夫は口では「これからは既婚女性もどんどん社会に出て働くべきだ」と励ましておきな

がら、家事などは一切手伝わない。会社からの帰宅時、いつもより電車が1本遅れただけで妻を責め立てる。

「台所の掃除がなってないぞ！　おまえが仕事ばかりしているせいだ」

機嫌が悪くなると、そんな調子で罵ったのである。

結婚から2、3ヶ月すると、暴力が顕在化してきた。植木鉢や椅子を手当たり次第に投げ散らかすようになり、拳骨が顔に飛んできた。

きっかけなど何でもよかった。

「味噌汁の具が気に入らない」

「お茶がぬるい！」

そう言ってどなりはじめる夫の姿に驚き、恐怖で硬直していると、

「なんだその顔は！　その顔つきが気に入らないんだ！」

と蹴りが入った。

言い訳をしようと口を開くと、ますます逆上。

「このやろう、その言い草はなんだぁー」

小柄な彼女に、長身の夫は手加減せず挑みかかるのである。

「これはいったい何だろう」

親にも殴られたことがない香澄は、どう対処してよいかわからずに混乱した。

暴力を収めるための妻の努力はすべてが裏目に出て、夫の怒りは勝手にエスカレートしていく。逆らわずに、ひたすらあやまるしか手だてはなかった。

機嫌が悪くなると、夫はプイとひとりで外出したが、帰宅を待つ間も、さらに泥酔して暴れる場面を想像しては、恐怖に震えた。


離婚が頭に浮かばなかったわけではない。

だが、会社での立場や世間体を考えると、どうしても気が引けた。得体の知れない罪悪感もあった。


新婚のころ、「もうあなたとはやっていけない」と口にしたこともあったが、そのとき夫は、「悪かった。すべて酒のせいだ。これから深酒はしないから考え直してくれよ。オレは変わる。だからお願いだ、もう一度チャンスをくれ」と泣いてあやまった。

気も狂わんばかりに取り乱して許しを乞い、「今後、ビール以外は飲みません。暴力はふるいません」などと大仰に記した誓約書まで用意したのである。

暴力のサイクルの「ハネムーン期」である。

普段が気難しい人だけに、たまにやさしくされると、天にも昇るほどうれしかった。「飲まなければいい人なのだ」と香澄は自分を納得させた。

また、夫の子ども時代のことを聞いて同情もした。両親は離婚。のちに母親が再婚した相手から、母共々、暴力を受けたつらい過去があったのだ。

「かわいそうな人なんだ。わたしが理解して、そばについていてあげなきゃ」

そんな使命感さえ感じていた。

しかし、誓いは守られなかった。反省をする度に、似たような誓約書が何枚も書かれたが、威嚇と脅迫による夫のコントロールは激しくなるばかり。

そのうち香澄は恐怖から離婚という考えを捨てた。そんなことを言い出せば、きっともっとひどい目にあう。そう思うようになったのだ。

こうして香澄はドメスティック・バイオレンスの泥沼にはまっていく――。

「結婚してから、心から幸せだと思った瞬間なんて一度もなかった。ポトンと真っ暗な井戸のなかに落とされたみたいで……。出口がまるで見えなくて、不安でね。いつもビクビクしていた。毎日、家に帰るのが怖かった。よく会社の先輩たちから、『おまえは暗いなぁ』とからかわれたけど、とても明るく笑えるような状況じゃなかったのよ」

裸足で逃げ出した夜

そんな悲惨な毎日だったが、周囲の人には実情を悟られまいと努力した。余計な心配をかけたくなくて、故郷の両親にも打ち明けなかった。

鼻の横にできた青黒い痣《あざ》を隠すため、ファンデーションを厚く塗り重ねて出社する。襟ぐりの開いた服を着ると、首から背中にかけて何ヶ所も痣《あざ》があるのが見えてしまうため、慌てて首の詰まったシャツに着替えたこともあった。

不審がる人には「階段で転んだのよ」とごまかした。

「夫の酒癖が悪くて……」と相談を切り出してみたこともあったが、「結婚生活なんて、みんなたいへんなのよ。男の人にはそんな時期もあるから、もう少し辛抱しなさいよ」と、一様にたしなめられた。


香澄の惨状を知っていた数少ない同僚、恵子さんは、はじめて暴力の事実を知った日のことを、こう回想する。

「うだるような暑さの日に長袖のシャツを着てるから、『どうしたの?』って半ばからかうようにたずねたんです。そしたら、香澄は無言でシャツの袖をめくって、腕を見せてくれた。彼女の細い腕に青痣《あざ》がたくさんあって驚きました。彼女はバツの悪そうな、恥ずかしそうな表情をしていましたね」


ある夏の日。夜中の1時ごろ、恵子さんのアパートの玄関のベルが鳴った。不審に思いつつ、覗いてみると、パジャマ姿で裸足の香澄が立っていたのである。

「夜遅くに、ごめん……」

家の鍵だけを握りしめ、恐怖に震えるその姿に、恵子さんは動転した。

当時、香澄はすぐ近所に住んでいた。避難先として、とっさに頭に浮かんだのがここだったのだろう。

慌てて部屋のなかに彼女を招き入れた。

事情をのみこんだ恵子さんは、急いで部屋の電気を消し、就寝中を装った。

夫が早晩追いかけてくることは予測がついたからだ。

身体をちょっと動かしただけでも激しい痛みを訴える香澄。懐中電灯で身体を照らしてみると、あちこちにひどい打撲の跡と擦り傷がある。

しばらくすると、玄関のチャイムが鳴りはじめた。無視していると、執拗にチャイムを鳴らし続けながら、夫が大声でわめきはじめたのだ。

「香澄！　ここにいるのはわかってるんだ。出てこい！」

「このやろう！　出てきやがれ、クソッ」

玄関の扉を力まかせに叩いたり、蹴ったりする音が、深夜のマンションの廊下に響く。

男性が逆上すると、こんなになってしまうものなのか……。

自分が殴られたわけでもないのに、はじめて経験する恐怖に、恵子さんは強烈なショックを受けた。

気がつくと、香澄とふたり抱き合ったまま、すすり泣いていた。声も出せないまま、涙だけがあふれてくる。

おびえながら嵐が過ぎるのを待った。彼が玄関から立ち去るまでの10分ほどの時間が、数時間にも感じられた。

玄関から夫が消えたあと、ほっとする間もなく、今度は電話が鳴った。身を固くして息を詰めていると、留守番電話の応答メッセージと発信音のあと、夫の罵声が静まり返った闇を貫くように響き渡った。

「香澄をかくまうなんて、とんでもないことをしやがって。これはオレたち夫婦の問題だ！おまえには関係ない！　他人はひっこんでろ！　こんなこと二度としてみやがれ、どうなるかわかってるだろうな」

耳を覆いたくなるような悪口雑言。延々と続く脅迫めいたどなり声。

留守番電話の録音が5分で自動的に切れると、また電話が鳴った。5分間わめきちらしたあと、また5分間。

そんなことが数回繰り返されたあと、やっと静寂が訪れた。

眠れぬ夜を過ごした翌朝。ふたりは何事もなかったかのように出勤した。

しかし、前夜の恐怖は恵子さんの脳裏にしみついて離れなかった。

「香澄は今晩もどこかに逃げているかもしれない。わたしがかくまっていると勘ちがいして、また彼がここに来て暴れたらどうしよう」

不安と心細さが、増幅していく。

居留守を装うため、恵子さんは帰宅後も電気を消したまま過ごした。物音をたてないよう、暗闇にうずくまって冷えたコンビニの弁当を食べた。

怖かった。たったひと晩の体験で、こんなに震えている。毎日生活をともにする香澄の恐怖と苦悩はいかばかりであろう。恵子さんは涙を抑えることができなかった。

「子どもはいらない」と言った夫

それでも、なんとかうまくやっていこうと、香澄は懸命に夫に尽くした。

良かれと思ったことは何でもやった。まず、夫が当時の職場に不満を持っていたため、事業を興して独立することを奨めた。ストレスが暴力につながっていると考えたのだ。

香澄の両親に保証人になってもらい、銀行の融資が受けられるよう奔走した。妻が自分のために尽くしている姿に満足したのだろうか。夫はやる気を出し、はりきって働いた。準備に忙しいこともあって、しばらくは暴力も落ち着いていた。

「このマンションは狭い。圧迫感がある」と、文句を言う夫のために、新しいマンションも探しはじめた。

めぼしをつけた物件は、窓が多く開放感のある明るい部屋。いままでは賃貸だったが、思い切ってその分譲マンションを購入することに決めた。夫の退職金などは事業のほうにつぎ込まれたため、資金はすべて妻側が負担した。

ほどなくして、夫は小さな事業を立ち上げた。

そして時を同じくして、香澄は妊娠を知る。

妊娠したことは、もちろんうれしかったが、複雑な思いが彼女を支配していた。彼が子どもの誕生をあまり喜ばないことは予測がついていたからだ。

実は、夫は再婚であり、前妻との間に子どもがふたりいたのである。最初の結婚が破綻した理由を「妻が浮気したからだ」と香澄は聞かされていた。夫は離婚後も子どもたちの養育費を払い続けており、どうも「子どもは金のかかるやっかいなもの」という嫌悪感を持っていたらしい。

もっとも、だからといって避妊に協力するようなタイプの男性ではない。思い切って妊娠を打ち明けると、案の定、夫は悪態をついた。

「そんなものオレの子どもじゃない。いったいどこのどいつのガキなんだ?」

酒が入って暴れはじめると、

「ガキなんか、もうたくさんだ。生まれても家には入れないぞ」

と脅かし、腹部を目掛けて蹴ってきたこともあったという。

一方、香澄にしても子どもが生まれてしまえば、離婚という選択肢はますます遠くなる。仕事を続けるうえでも支障が出るかもしれない。

でも、産みたい。産もうと心に決めたのである。

押し寄せる不安を乗り越え、香澄は無事出産した。

母となった彼女の生活はさらに忙しくなったが、夫は育児にも家事にも一切手を貸そうとはしなかった。出産直後の引越しもひとりで取り仕切った。

だが、いとしい息子、拓矢を得た幸せは何物にも代え難い。

「結婚していちばんよかったことは、あなたを授かったことよ」

無邪気な我が子の姿を見るとすべての苦労を忘れ、香澄は母としての幸福に浸ったのである。

「子は夫婦のかすがい」と人は言う。

しかし、それは香澄たちにはあてはまらなかったらしい。

息子が生まれたあとも、虐待は続いた。

仕事でぐったりと疲れて帰宅し、夫の帰りを待つ間にうたた寝をしていた夜のこと。

うっかりドア・チェーンをかけており、深夜、玄関のベルが鳴ってもしばらくは気がつかなかった。

はっと我に返って急いでドアを開けると、烈火のごとく怒り狂った夫がそこに立っていたのである。

「このやろう、なんでドアを開けるのにこんなに時間がかかるんだ！　男でも連れ込んでいたんじゃないのか！」

泥酔していた夫は、たんすの引き出しを全部取り出して、そこら中に投げ飛ばす。

この日はいつにも増してひどく殴られた。

あまりのことに香澄は大声で泣きわめいた。

近所の人には香澄の悲鳴が聞こえていたはずだが、みな知らぬふりを決め込んでいたのである。

夫が寝たあと、散らかった部屋を見ると、惨めさがとめどなくこみ上げてきた。

「檻のなかに猛獣といっしょに閉じ込められてるみたいな感じがした」

悪夢のような結婚生活を、のちに香澄はこう表現している。

妻の心が離れていくことに苛立ったのであろうか。夫の行動は徐々にエスカレートしていく。

テーブルにドスンと包丁を突き立てて、「こういう方法もあるんだ！」と凄まれたこともあった。

暴力におびえて飛び出したある夜。

友人の家に逃げる途中で、香澄は情けなさのあまり、結婚指輪を薬指からはずした。そして真っ暗な闇に向かって投げ捨てたのである。

殴られはじめた当初は着のみ着のままで飛び出していたが、暴力が日常化してくるとだんだん智恵がついてきた。

緊急用にと、外にあるガスのメーター・ボックスに小銭やテレホンカードを隠しておいた。パジャマは着ず、外を歩いてもおかしくないような部屋着で寝て、ポケットにはいつも家や車の鍵をしのばせておいた。

台所の包丁は簡単に取り出せない場所にしまってからベッドに入ったが、ぐっすりとは眠れない。

いつも恐怖が頭から離れなかった。

そのころ、近辺に民間シェルターはなかった。

いや、もしあったとしても、その存在を当時の香澄は知らなかっただろう。公的機関に助けを求めることも思いつかなかった。

思い余って、宗教団体の「無料電話相談」にすがってみたこともあったが、「神を信じて祈りなさい」と励まされただけ。何の解決にもならなかった。

暇さえあれば、宗教や人生訓の本、哲学書など、手当たり次第に本を読み、それでずいぶん救われた。読書に没頭している間は、少なくとも日々のつらさを忘れることができたからだ。

こんなこともあった。

保育園の夏祭りの日。祭りのあと、寿司屋で握ってもらった折詰を手に、家路を急ぐ親子3人。

一見幸せそうな光景が、瞬時に地獄絵に変わった。

その夜は熱帯夜。家に帰ってクーラーをつけたが部屋はなかなか冷えない。

「おい、クーラーがきかないじゃないか。オマエのフィルターの掃除がなってないからだ！」

逆上した夫は、じりじりと香澄に迫る。

危険を感じた彼女はぎゅっと息子を抱き寄せて、隙を見て外に逃げ出そうと、あとずさりしながら玄関に近づいた。

一家のマンションは、玄関の前がすぐ階段になっている。怒り狂った夫は、なんと玄関から力任せに妻を突き落としたのだ。息子を抱いた香澄は、体勢を立て直すこともできず、そのまま階段を転げ落ちたのである。


恵子さんの部屋には、その後数回逃げ込んでいる。車のなかで夜を明かしたり、別の女性の友人、知人を頼ったこともあったが、

「ウチの家のことにかまうな！　それとも、おまえたちはデキてるのか」

という香澄の夫の脅しと中傷に閉口し、離れていった人もいた。

「悪いけど、もう連絡しないで」と通告されたこともある。

妻の交遊関係や行動範囲を把握するため、夫は香澄のハンドバッグを奪い、手帳やアドレス帳、社員住所録などを略奪。こうして目障りな人物を、次々に脅迫していったのだ。

それを心苦しく思った香澄はますます孤立し、追い詰められていくのである。

ニューヨークにいるわたしがこうした事実を知ったのは、そんなころであった。

死さえ覚悟した夜

ある夏の夜。香澄はその日の暴力を鮮明に記憶している。

忘れたくても忘れられない。フラッシュバックとなって甦るその地獄に、何度苦しめられたことであろうか。

仕事が長引き、帰宅が遅れた日のこと。8時ごろ、「いまから帰る」と帰宅途中の駅から夫の職場に電話を入れた。

保育園に息子を迎えに行く時間が遅くなってしまった。だが、夫の機嫌を損ねることのほうがもっと気がかりだった。

悪い予感は的中した。

夫は既に怒り狂い、「子どもを放ったらかしにしやがって」などと電話口でわめいていた。息子のことを案じるのなら、自分が迎えに行けばよいのだが、そういう協力は一切しない父親だった。

とにかく早く帰らねばとあせった。

息子を連れて家に帰り、やっとのことで寝かしつけたあと、夫の帰宅を待った。体はくたくたに疲れていたが、精神はピンと張り詰めている。もう殴られる覚悟はできていた。そこへ、したたか酔った夫が帰ってきたのである。

部屋に入るや否や、暴行ははじまった。理性の歯止めを失った凶暴な猛獣は、香澄の髪の毛をつかみ、力任せに身体を引きずり回す。その度に、彼女の身体がテーブルや椅子にぶつかった。

そうやって妻の身体で部屋中の家具をなぎ倒しながら、夫は罵声を浴びせ続ける。何度も、何度も、腹部や背中を蹴られた。ソファの上に投げ出された身体に、強烈なパンチが飛んだ。

最後は首を絞められた。

今度こそ殺される——。

ほんとうにそう思い、はじめて抵抗した。隙を見て首を絞める夫の手を思いっきり噛んだのだ。

だが、攻撃の勢いはとまらなかった。

頭のなかが真っ白になり、意識が薄らいでゆく。

「あぁ、わたしの人生はこんなふうに終わるんだ。きっとこのまま死ぬんだ……」

そう観念した次の瞬間、隣の部屋で寝ていた息子が急に泣き出した。

はっと一瞬我に返った夫の手が緩み、香澄は一命をとり留めたのである。

これを境に、彼女は本気で離婚を決意した。そう、今度こそ本気で。

以前は、息子にも父親の存在は大切だと固く信じていた。だが、香澄が死の直前まで追いやられたことで、「このままでは殺されてしまう。母親が死に、父親が殺人犯になったら、息子が不憫だ。離婚して片親になるほうがよっぽどマシだ」と悟ったのである。

この日の暴力では肋骨にヒビが入った。首は回らず、激しい痛みで身体を動かすのもつらかったが、翌日も必死の思いで出社した。

離婚を考えれば、なおさら会社はやめられない。いまの仕事を手放すわけにはいかなかった。

また、離婚手続きを念頭に置き、病院で診断書を書いてくれるよう頼んだ。勇気を出して「夫の暴力が原因なんです」と打ち明けたが、医師は「夫婦げんかでねえ……」と、軽蔑するような薄ら笑いを浮かべ、「今日は診断書は書けません。後日、必要になったら改めて来てください」と突き放したのである。

香澄の〝敵〟がさらに増えた。

夫だけではなく、彼女は社会とも闘わなければならなくなったのだ。

真実を知った母の嘆き

そのころ、香澄に決断を促す出来事が相次いで起こった。

まず、かねてより体調を崩していた父親が息を引き取った。

最愛の父を悲しませたくないために離婚を親に切り出せなかったが、これで迷いがなくなった。孫の顔を見せてあげられたのが、せめてもの親孝行である。

四十九日が済んで、母親が様子を見にやってきた。

ひとり暮らしになった身軽さと寂しさから、孫の世話でも……と顔を出したのだが、しばらく同居するうちに、娘の結婚生活が尋常ではないことに気がついたのである。

香澄は夫の過去の暴行の数々をあえて母親に話さなかった。しかし母は事情を察し、悲嘆にくれた。

母に懇願されたこともあって、香澄もついに重い腰をあげたのである。

弁護士を介して、別居、離婚を切り出すと、夫は不承不承、話し合いに応じ、こう言った。

「どうしてもやり直したい。『酒乱が治ったら復縁の話し合いをはじめる』ことを条件にするのなら、家を出て行く」


去っていく夫の姿にほっと胸をなでおろしたが、平穏な生活は訪れなかった。夫は近くにアパートを借り、嫌がらせを続行。隙を見計らっては家に上がり込む。いったん部屋に入ったら「ここはオレの家だ」と言い張って帰ろうとせず、暴力と口論が続いたのである。


「ある日、ベランダにあの男が現れて、物干し竿でガラスを割ろうとしたんです。どこから登ってきたのか、もう、びっくりしてね。警察を呼んでやったんですよ。こっちは女ふたり、相手は大きな男でしょう。やっぱり怖いじゃないですか」

香澄の母はそう回想する。

だが、頼みの綱の警官も頼りにならず、「あんなにおとなしい旦那さんなのに」と、人前では温厚にふるまう夫に同情的になる始末。「夫婦ならば、警察は一切手出しできない」と帰ってしまった。

「法は家庭に入らず」などと、警察は真剣に取り合ってくれなかった時代である。その結果、「通報なんかしやがって！　よくも、俺の社会的信用を傷つけたな」と、夫はいっそう逆上した。警察への通報は逆効果になることがわかったのだ。

「無言電話や脅迫電話はしょっちゅう。神経の休まる暇がありません。腹が立つから、『この間はわざわざ電話をありがとう』と皮肉を言ってやったんです。そうしたら『どういたしまして』ですって！　無言電話の犯人は自分だと認めたんだから、あきれますよ。外で騒がれるとご近所にも迷惑でしょう。くやしいから、わたしは皆さんに事情を説明しました。『恥ずかしいからやめてくれ』って香澄は嫌がりますけど、黙ってなんかいられませんよ。どうしてこんなことになってしまったのか……。あの男が別れてくれるなら、わたしはどんなことだってしますよ。えぇ、香澄と拓矢のためなら、どんなことだってね」

そんな母親を嫌った香澄の夫は、義母に向かって「死んでしまえ！」とまで罵り、幼い息子にも「おばあちゃんなんかキライって言うんだぞ」とふきこんだ。

母の悲痛な願いは、彼には届かなかったのである。

しばらくして、香澄は近所の新築分譲マンションに引越した。

夫と一緒に住んでいた以前のマンションを売却することで、生活に区切りをつけたかった、と彼女は言う。売買の経緯は夫も承知のこと。夫の目の前で処分して、将来のトラブルを避けようとの思惑だった。

たまたま帰国していたわたしは、その引越しを手伝った。

真新しいマンションは眩しく、新しい人生のスタートにはふさわしいように見えた。業者にテキパキと指示を出す香澄は生き生きとして見えた。

「これで向こうも『ここはオレの家だ！』とは言えないでしょう」

うれしそうに香澄は言った。拓矢ちゃんもはしゃいでいた。

だが、わたしにはあまり賢明な選択とは思えなかった。

問題は場所である。

せっかく購入したマンションだが、ここを賃貸に出してでも、いったんは遠くに住まいを移したほうがいい。

暴力夫と至近距離に住むなんて、命知らずもいいところだ。

だが、彼女は平然としたもの。

「ここはオートロックだし、なかには入ってこられないって。それに近所も顔見知りだから、彼も滅多なことはできないはずよ」と意に介さなかったのだ。


それはあまりにも甘い考え方であった。当時の彼女の精神状態はかなり切迫しており、正常な判断力を欠いていたようだ。

ただ、表面ではクールすぎるほど平静を装っていた。

それに、事態があんなふうに進展していくとは、当時、彼女は予想だにしていなかったのだろう。

ドメスティック・バイオレンスの真の怖さを、まだ理解してはいなかったのだ。

駅のホームを監視する夫

読者のなかには、「筆者は被害者の友人だから、彼女に肩入れしても不思議ではない。彼女の話を鵜のみにしているだけで、真実はちがうのではないか」と思われる方もひょっとするといるかもしれない。

だが、香澄の話だけをもとにして、これを書いているわけではない。

夫が逆上した現場に居合わせた香澄の母親や恵子さんにも直接話を聞いたし、実際に彼からの脅迫電話を受けて、わたし自身もあと味の悪い思いをした。いや、ぞっとするような恐怖を感じたと言い換えてもいい。

また、長時間にわたり一方的に罵る夫の電話に辛抱強く対応する香澄も目撃している。大声でどなる夫の罵声は、受話器の外にもれていたのである。


さらに、こんな経験もした。

別居の翌年、わたしが帰国した折に、彼女と会ったときのことである。

一緒に保育園まで拓矢くんを迎えに行き、彼女の家で食事をしようと、会社帰りの香澄と待ち合わせをした。

最寄り駅で電車を降り、改札口に向かう途中、香澄がボソリとこう言ったのだ。

「彼のアパートから電車のホームが見えるのよ。だから、わたしが帰るころになると、じーっとベランダに立って、わたしが降りてくるのを監視してるの……それで見つかったら、追いかけてきて、つかまるわけ」

毎日、妻の帰宅を確認するために、何本も何本も電車を見送る夫。正気の沙汰ではない。

その日も、わたしたちはデパートで買い物をしてから電車に乗っていた。通常の帰宅時間よりはかなり遅かったはずだ。

だが、「ほら」と何気なく声を上げた彼女の見上げる方向には、恐ろしい形相の彼がほんとうに立っていたのである。


こちらに気づいて慌てて降りてくる気配に、ぎょっとして、わたしの足はすくむ。心臓がキリリと痛い。

一方、傍らの香澄は奇妙なほど落ち着きはらっているのだ。

「しょうがないから、ちょっと相手してくるわね」

「そんな！　危ないよ。ほっとけばいいじゃない。あっちの道から行こうよ！」

「へたに逆らって、そっちにも危害が及んだらたいへんよ。すぐに追いかけるから、先に行ってて」


駅のロータリーを過ぎ、彼のアパートの方角に歩きはじめると、玄関から彼が飛び出してきた。わたしたちに向かって、ヒステリックに何か叫んでいる。

「大丈夫だから。お願い。ね、先に行ってて」

香澄にそう促され、わたしはふたりを残し、歩き出した。

鋭く光る彼の目。それに吸い寄せられるように従う香澄。

もしわたしがその場で彼に挑みかかっても、おそらく逆効果になっていただろう。

だが、彼女が〝見えない恐怖〟に操られてゆくさまを、ただ眺めているだけの己の無力さが、情けなかった。

正直に告白すれば、わたしはやはり怖かったのだ。

離婚調停

香澄は家庭裁判所に調停を申立てたが、離婚のための手続きは思うように進まなかった。

現行制度では、協議離婚（当事者同士の話し合いによる離婚）が成立しない場合、家庭裁判所における調停に入る。調停委員が双方の事情を聞き、話し合いを進めるのだ。

それでも離婚の条件などが合意に至らない場合、調停は不成立となり、次に地方裁判所における離婚訴訟へと進むのである。

ドメスティック・バイオレンスによる離婚調停では、通常、話し合いによる解決は極めて難しい。

香澄のケースも例外ではなく、双方の言い分があまりにもちがったため、話し合いは平行線をたどったのである。


夫は復縁を望み、調停委員の前では、良い夫、良い父を演じた。

「妻が浮気をして別れ話を持ち出した。息子の不幸を嘆き、わたしは酒におぼれた」。そんな夫の嘘を調停委員が信じてしまうのではと、香澄はあせった。

ドメスティック・バイオレンスは密室で行われる犯罪行為であり、真実を実証することは容易ではない。

また一般的に、調停委員には地元の名士やその夫人が多く、どうしても保守的な夫婦観を支持する傾向が強いのである。


「息子をかわいがる理想的な父親」を演出しようとしたのだろうか。

別居直後、「しばらくは息子にも会わない」と言っていたはずの夫は、「オレは父親だ。子どもに会う権利がある」と、定期的に息子に会うことを強要しはじめた。

そこで、幼い拓矢くんは、1日おきに母親と父親の間を行き来するようになる。

父親のところに泊まる日は、香澄が夕食を食べさせ、お風呂に入れ、着替えを持たせてから連れて行く。翌朝迎えに行き保育園に送って行くのも、すべて母親の仕事。父親は権利を主張するだけだった。

息子は母親にベッタリで、ひとときも香澄のそばを離れたがらなかった。ぐずりながらも観念したように父親の元に向かう小さなうしろ姿を、わたしも何度か見送ったことがある。

理不尽としか思えない夫の要求を、なぜ香澄はのんだのか。

言うとおりにしなければ、何をされるかわからない。

その恐怖が彼女を操っていたのである。

夫が息子を人質として利用したことも、一度や二度ではない。酔った勢いで子どもを連れて姿を消し、「拓矢といっしょに死んでやる！」と脅迫するのである。

動転した香澄は、息子の写真を握りしめて警察に走ったが、「酔っぱらいが言うことを真に受けるなんて……。連れて行ったのが父親なら、誘拐にはなりませんよ」と相手にされなかった。

幸いこのときは、翌日には息子を連れ何食わぬ顔で戻ってきたので、大事には至らなかったのである。

「息子を殺して、オレも死ぬ」

別居したことで、夫はますますジェラシーの虜になった。

母親のところに泊まるときも、日に15分は息子の顔を見せるよう約束させたが、それは妻の行動の自由を奪い、生活を監視するため。面会の時間に5分遅れただけで大袈裟に騒ぎ立て、息子の見ている前で大声を出す。

「離婚、離婚と騒ぎやがって！　おまえの身勝手とわがままのせいで、息子にこんなつらい思いをさせているんだ。わかってんのか！」

つばを飛ばしながら香澄を責め、罵倒するのだ。

もとよりまじめな性格のうえに、幼子を抱えて働いていては、浮気をするエネルギーも時間もあるはずがない。

だが、妄想にとりつかれた夫はひたすら香澄の〝不貞〟をなじるのである。

妨害は職場にまで及んだ。

日に何度も電話をかけ、会議中であろうが何であろうが「急用だ」と偽って香澄を電話口に呼び出す。

そしてこう脅かした。

「会議だとか言いながら、どうせ浮気をしていたんだろう。とんでもない女だ。こんな女を雇っているとロクなことはない、そう会社の重役に密告してやる」

実際に上司や人事部に電話をしたり、会社に現われたこともある。上司が真剣に取り合わなかったことは幸いだった。

さらにストーカー行為も。「息子のために、行動を監視する必要がある」と言い張り、退社時や保育園に迎えに行く時間を見計らって、あちこちで待ち伏せする。休暇で帰省する際には、航空会社に電話をして、香澄が予約した便名まで調べ上げていたのである。

夫はあくまでも復縁にこだわった。

そして今度は、「おまえが調停を取り下げなければ、こちらにも覚悟がある。拓矢を殺してオレも死ぬぞ！」と脅しはじめたのだ。

その言葉を真に受けた香澄は調停を取り下げ、「今後半年間、嫌がらせをやめ、暴力もふるわなければ、同居についての話し合いをする」という内容の誓約書を、弁護士の前で交わすことにした。

だが、そんな約束は守られなかった。

脅迫電話やストーカー行為が再開され、復縁話は事実上白紙に戻った。

それでも、香澄は相変わらず、律義に息子の面会を実行していたのである。

1997年のお正月のこと。

「今日、拓矢は〝あっち〟だから」ということで、帰国中のわたしは香澄とふたりで初詣に出かけた。「今年こそは離婚を」と願い、厄払いで有名な神社にお参りしたのだ。

夫の監視の目を逃れた、束の間の自由な時間だった。

だが、運試しに香澄がひいたおみくじは「凶」。

「気にしない、気にしない。たかがおみくじよ。これで厄落としになったんじゃない？」

内心あせりながらも、肩を落とす彼女をわたしは精一杯励ました。

相手もそろそろ自分の不利を悟り、離婚を承諾するのではないか。わたしたちはそんな期待さえ抱いていた。

今年はきっとうまくいく。これ以上悪いことが起こるはずがない。そう信じていたかった。

「凶」は天からの警告だったらしい。

復縁の可能性を絶たれた夫は追いつめられ、信じられない行動をとったのである。

「遊園地に行く」と休日に息子を連れ出した夫は、翌朝になってもアパートに戻らなかった。仕事の時間になってもオフィスの鍵はかかったまま。

不審に思いつつ、スタッフがなかに入ると、こんな置き手紙が残されていた。

「息子を連れて逃亡する。ほかに方法がない。あとの処分をたのむ」

折からの不況も手伝い、夫の事業は経営難にあえいでいた。そうした八方塞がりの状況も、この逃避行の遠因になっていたのかもしれない。


理由は何にせよ、息子は誘拐されたのだ。

知らせを受け、香澄の全身から力が抜けた。

必死でふたりの行く先を捜し、警察にも相談した。逃亡するといっても脅かしだけかもしれない。この時点ではまだそうも考えていた。

しかし、何日たってもふたりは戻ってこなかった。

無理心中でもされたら……。

香澄の心は粉々に砕け散ってしまいそうだった。

※注・これはDV防止法施行前の体験談です。

第1章

なぜ逃げられない　知られざるDVの真実

孝江さんの見た地獄

「地獄……そう、まさに生き地獄でしたね」

数時間に及ぶ暴力。罵倒。奴隷のような服従を強いられた日々。

想像を絶する結婚生活から決別して、約1年。絞り出すような小さな声でそう言って、孝江さんはため息をついた。

55歳。丸めた背中が、小柄な身体をいっそう小さく見せている。長年の虐待の結果、傷ついた心と身体。歩く足取りさえ、おぼつかないのが痛々しい。

最近はリウマチに悩まされ、いまも病院通いが続く。

腰痛もムチウチ症もすべて夫の暴力のせい。逃げ出すきっかけになった激しい暴力のあとは、腎臓が出血して腫れていた。

「なんで、わたしだけこんな目にあうのか。一生懸命、尽くしてきたのに……」

情けない。悲しい。くやしさが突然の嵐のように襲ってくると、自分でも歯止めがきかなくなる。電車のなかだろうが歩道の上だろうが、ところかまわず泣き出してしまうのだ。

夫の前では泣くことも許されなかった。でも、いまなら思い切り泣ける。

そのささやかな自由が何物にも代えがたいのである。


「こんなにやさしい男はいない」と言って殴り続ける夫。

結婚生活という名の〝34年間の地獄〟について、孝江さんはポツポツと語りはじめた。

20歳で結婚。夫の第一印象は「おとなしい人」だった。「だけど、わたしの思いちがいでした」と、孝江さんは力なく笑う。


わがままで自分勝手。他人を思いやるということを知らない。

「赤ちゃんなんですよ。あの人は」

記憶のなかの夫の姿を思い浮かべながら、孝江さんは、確認するように、そう何度も繰り返した。


結婚して2、3年経ったころから、暴力がはじまった。

はじめて妊娠したときのこと。じんわりとした幸福にひたる妻とは対照的に、夫はあからさまに苛立ちはじめた。子どもを欲しがっていないことは明らかだった。つわりがひどく、家事を完璧にこなすのがつらくなると、夫は援助の手を差し伸べるどころか、「何を甘えとんのじゃ!」と悪態をつき、身重の妻の腹部を何度も蹴った。妻の可愛がっていた猫を乱暴に投げ飛ばして、苛めたこともある。

「わたしがこんな身体では、夫の世話を十分にしてあげられない。だから怒られるのだ」

そう思いつめた孝江さんは中絶を選択する。

次に妊娠したときも状況は変わらなかった。暴力とストレスで母体も危険な状態になったが、「今度は、どうしても産みたい」と必死で持ちこたえた。

瀕死の状態の妻を見て、はじめて事態が切迫していることを知り、夫は泣いた。だが、別に妻やお腹のなかの子どもが心配だったからではない。

「もし、あいつが死んだらオレはひとりになる。それは寂しい。あんなヤツを嫁にもらった自分が不憫だ」

己の不幸な境遇を哀れんで泣いたのだ。

何度も入退院を繰り返したが、結果は死産。そのときも、「オレの嫁は子どもも産めん」と腹を立て、いたわりの言葉もかけなかった。

大腸から原因不明の出血が続き、病院から検査を奨められたとき。

「そんな大袈裟な。オレへのあてつけか？」

夫は心配するどころか、逆にもっと怒り出したという。


相手の立場や気持ちなど、これっぽっちも考えない。妻がぎっくり腰で立てなくなってもお構いなしに家事をやらせる。しかも痛む腰をわざと蹴り上げる。

そんな自分本位の非情な男。


一方、自分の痛みはオーバーに主張してはばからない。蚊に刺されただけでも、「ああ、こんなに腫れて、たいへんだ！」と大騒ぎをする。

妻を殴ったあと、「腕が痛い」「おまえのせいで、指にケガした」などと妻を責めるのも常のことなのだ。

「オレほどやさしい男はいない。こんなに自分を犠牲にして、こんなに辛抱して、おまえのことを幸せにしてやってるのに……」

それが夫の口癖だった。

客観的に見れば、まったく筋の通らない奇怪な論理だが、本人の手前勝手な理屈では、そういうことになるのだろう。

暴力をふるわれたあと、妻は決まって台所で寝た。

冷蔵庫の発する規則的な機械音が子守り歌のように心地よかった。「ブーン、ブーン」というその低い音が階上にいる夫の気配を消してくれたからだ。

不平不満を言うことは決して許されない。朝になると何事もなかったように、にこやかな笑顔で夫を迎えた。

ひと晩中、夫の足をマッサージする長い夜。拷問のような毎日。寝言でも妻への不満を並べ立てる男。

その首を絞めてやりたいという衝動にかられたこともある。手当てを受けに行った病院で順番を待ちながら、「いっそ、このまま、消えてしまおうか」と考えたのは、一度や二度ではない。

実際に家出を試みたこともあった。

それでも、離婚を強行しなかったのは、「親や親戚に心配をかけたくなかった」から。「わたしにも悪いところがあるんだ」と思い込み、「もっと努力して、夫に尽くそう」と考えていたのだ。

夫は、孝江さんの飼っていた猫や犬にもやつ当たりした。給与明細を見せない、病院に払う医療費も渡さないなど、経済的な虐待も受けていたのである。

外では真面目な会社員だった夫の社会的面目を保つため、どんなに酷い目にあっても、近所や警察に助けを求めなかった。

だが夫の定年も目前に迫り、孝江さんの心も少しずつ変わってきた。もういいだろう。そろそろ潮時だ。今度こそ逃げよう。

そんな思いが高まってきた。

弁護士にも密かに相談し、家出に向けての準備を整えたのである。

「今度こそ死ぬ」と観念した日

1年前の夏の日。地獄からの脱出は成功した。

その日の出来事を、孝江さんは鮮明に記憶している。

いつものように6時ごろ帰宅した夫は、居間にどんと座って仕事の愚痴を言いはじめた。オレはこんなに必死で働いている。仕事もできる優秀な男だ。他のヤツときたら、役立たずでどうしようもない。だからオレが苦労をする……。

毎日、同じセリフの繰り返し。自分の自慢と他人の悪口。そんな繰り言が1時間は続く。その間、ねぎらいの言葉をかけながら、冷やしたタオルで首筋を拭いたり、と、できる限りのサービスをする。夫の機嫌を損ねないように、細心の注意を払いながら。

もし少しでも気に入らないことがあれば、結果はわかっている。気を失うまで殴られて、蹴られるのだ。

いったん逆上すれば、万事休す。きっかけはいつもささいなこと。何が夫の気に障るのかまったくわからないため、とても気をつかう。

愚痴をひと通り言い終えた夫は、すっきりした顔で台所に入ってきたが、次の瞬間、目つきが変わった。暴力をふるうときの、あの獰猛な目。ぞっとするような、冷酷な、あの恐ろしい表情に変わっていたのだ。

孝江さんの顔から血の気がひいた。

いったい、この夕食の献立の何が気に入らなかったのだろう。数種類の野菜の煮付け、酢の物、手作りのタレに漬け込んだ焼き鳥と、酒の肴も十分にあるはずなのに。

夫の機嫌を損ねた原因は、今日のメインのカレーライスだったらしい。

「1日中、家に居るくせに、こんな手抜きをするとは、いったい何をしてるんや！　こんなもん、食えるかぁ！」と怒り出したのだ。

「気に入らへんかったら、いますぐつくり直すから！　酒の肴から食べはじめといて。な？その間に、ちがうもん、つくるから」

孝江さんはとりなそうとしたが、夫の怒りは収まりそうもない。

「いまから、そんなもん、どないすんねん！　食事の支度もロクにでけへんようなもんは、女房としての価値がないんや！　出て行け！」

ひとたび夫の怒りに火がつけば、もうとめられない。孝江さんは、「あぁ、今日もまた殴られる」と半ばあきらめながらも、「悪かったわ！　すぐにちがうもんつくるから。な、これでも食べながら、待っといてください」と懇願した。

悪い予感は的中した。

「十分な金も渡して、遊ばしてやってるのに」

「オレは毎日、こんなに働いているのに」

そう言いながら、夫は妻に殴りかかった。

拳骨、平手、そして殴る自分の手が疲れると、足を使う。殴られた衝撃で倒れた妻の身体を、ここぞとばかり思いっきり蹴り上げるのだ。頭も顔も容赦はしない。

「殺してやる！」「死ね！」

そうわめき続けながら、ひたすら夫は蹴り続ける。

少しでも攻撃を避けようと、側にあった扇風機を引き寄せてバリケードにしたが、逆効果になった。夫は扇風機をとり上げて、今度はそれを妻の身体に叩きつけはじめたのだ。

「あかん。このままやと、殺される」

そう感じた孝江さんは、家の外に出て助けを呼ぼうと考えた。隙を見て、必死の思いで玄関の外に飛び出したのだ。

いま、逃げなければ、取り返しのつかないことになる。そう腹を決めた。

夢中で外に駆け出すと、夫も追いかけてきた。あっけなく捕まったが、家のなかに引き込まれたら終わりだ。孝江さんは、門の柱につかまって抵抗した。

そして、34年間、一度も声に出さなかった言葉を、はじめて叫んだのだ。

「助けてぇぇー！　誰か、助けてぇぇー！」

ありったけの声をふり絞って叫んだ

34年間の思いを込めて。何度も、何度も。

夜の7時ごろである。近所の人も家にいて、その絶叫を聞いたはずである。だが、誰も助けてはくれなかった。見て見ぬふりを決め込んでいたのだ。

渾身の力で門柱にしがみついて叫び、抵抗した。

そんな妻を夫はなおも蹴り続ける。腕を力の限りねじり上げられると、身体が不自然にゆがみ、腕がきしんだ。それでも、柱を放さなかった。外にいれば、そのうち誰かが通りかかって助けてくれる。家のなかに連れ込まれれば密室だ。今日こそは絶対に殺される。

そう考え、無我夢中で門柱をつかんでいた。


そのとき柱をつかんでいた指は、1年たってもまだ腫れがひかない。神経が切れてしまったらしいのだ。夏だというのに手袋で覆われた孝江さんの手が痛ましい。その傷が〝戦闘〟の凄まじさを静かに物語っている。

だが、精一杯の抵抗も、男の腕力にはかなわなかった。

ついに柱から引きはがされ、「まるで、カエルでもぶつけるように」、孝江さんの身体は軽々と持ち上げられ、玄関の板の間に叩き付けられたのだ。


「おまえはオレをめちゃめちゃにしたんや!」

「おまえを殺して、オレも死ぬぞ!」

そう繰り返し叫びながら、夫は妻の身体を殴り続けていた。人形のように無抵抗に転がっている相手を、気のすむまで痛めつける。腕が疲れてくると足で蹴り、次は台所から包丁を持ち出して、包丁の背で頭をゴンゴン叩いた。

殴られ続けた孝江さんの顔は視界が遮られるほどまぶたが腫れ、無残な姿になっていた。

狭くなった視界に、夫の恐ろしい姿がかすかに映る。

反抗する気力も失い倒れたままの自分の横に座り込み、「死ね！」「こんなしょうもない女房をもらって、オレは被害者なんや！　慰謝料を払え！」と罵り続ける男。

この世のものとは思えないほど、残忍な形相の男。

34年、そんな男に尽くしてきたのだ。

遠のいていく意識のなかで、そんなことを考えた。

ひっ迫した生命の危機のなかでも、怖いぐらい冷静な自分がいた。クールに状況を見据えるもうひとりの自分が……。

「今度ばっかりは、これでホンマに終わりや」

ぼんやりとした頭で、そう悟った。

気を失いかけると夫が叫ぶ。

「なに寝とるんや！」「人がこれだけ一生懸命やのに、寝るとはどういうことや！」

「これ以上苦しめんとって。殺すんやったら、首でも絞めて、一気に殺してぇ」

そう哀願もしてみた。

体重42キロのか細い身体でも、人間は案外頑丈にできているらしい。こんなに痛みつけられても、まだ生きている自分が不思議だった。


やっと気が済んだのか、夫が2階の寝室へと消えたのは、夜中の12時を回ったころ。5時間も暴力を受け続けていたことになる。咳もできないほど、身体のあちこちが痛かった。でも、まだ生きていた。

もう逃げるしかない。じっと明け方になるのを待ち、身の回りのわずかな荷物を詰めたリュックだけを持って、こっそりと家を出た。

ちょっとでも物音をたてたら、2階にいる夫が起きてしまう。そうなれば終わりだ。まちがいなく殺される。そう考えるとひどく緊張して、身体の激しい痛みも忘れた。


息を詰めて、玄関の外に出た。

まだほの暗い朝の街。帽子をぎゅっと目深にかぶり、眼鏡をかけた。そして、少しでも早く、少しでも遠くに行こうと、夢中で走った。早朝のことで、タクシーの姿も見えない。待っている時間はない。とにかく先へ動こうと、なるべく夫の知らないような道を選び、ボロボロになった身体をひきずるようにして、ひたすら走った。

進む方角など、どうでもよかった。

ただ、遠くへ。一刻でも早く夫から離れた場所へ行かねばならない。それしか頭になかった。

どれぐらい走っただろうか。ずいぶん遠くまで来たはずだ。そう思うと、ふっと気が緩み、動けなくなった。身体に痛みが走り、その場にしゃがみこんだのだ。これ以上走れない。

その場所でタクシーを待った。空車が目の前でとまり、ドアが開く。

「あぁ、助かった」

タクシーが動き出したとき、安心すると同時にはっと我に返った。

「とにかく、病院へ行かなきゃ……」と。

「世間の思い込み」が被害者を苦しめる

孝江さんの体験を読んで、「夫の定年退職まで、34年間も我慢してるなんて、そんなこと信じられない」と思った人は多いのではないだろうか。

「さっさと別れればいいのに。離婚しないんだから、暴力といってもたいしたことないんでしょ」

そんな世間の思い込みは根強い。

被害者は、なぜ逃げないのか。

いや、「逃げない」のではなく、「逃げられない」のだ。

被害者を苦しめるのは加害者だけではない。世間の誤解や偏見が被害者を追い込み、犯罪を潜在化させる一因になっているのだ。

世間にありがちなまちがった思い込みについて、以下にまとめてみたい。

◇「一部の人だけに起こる犯罪ではないのか」

ドメスティック・バイオレンスは、誰にとっても決して他人事ではない。

この事実をまずしっかりと受けとめてほしい。

ユニセフの報告書（2000年発行）にも、「世界各国の女性の2～5割がドメスティック・バイオレンスを体験している」と記されているように、これは国境や文化を越えて存在する普遍的な問題であり、女性にとって非常に身近な犯罪なのだ。

もちろん日本も例外ではない。

2001年10月の「ドメスティック・バイオレンス防止法」施行後も被害が減ったという報告はなく、DV被害の認知件数は年々増え続けている。冒頭でもふれたように、施行直後の2002年の1万4140件から、2010年には3万3852件、そして2015年には過去最多の6万件超に達しているのだ（警察庁のまとめ）。

2014年度の内閣府の調査（「男女間における暴力に関する調査」全国の20歳以上の男女が対象）でも、「配偶者（別居中の夫婦や元配偶者も含む）から、身体的暴行、心理的攻撃、性的強要のいずれかを受けたことがある」と答えた女性は全体の23・7％と4人にひとりにのぼる。

２０１１年度の同調査では、結婚したことのある女性の４・４％が「（配偶者の暴力によって）命の危険を感じたことがある」と答えていることも見逃せない。２０００年の総理府の調査でも、「20人にひとりの女性が、夫から命の危険を感じるほどの暴行を受けた」との結果が出ており、法律ができる前に比べて、状況はあまり変わっていないことが窺えるのだ。

結婚経験のある女性の20人にひとりが「家庭のなかで命の危険を感じた」という結果を、あなたはどう受けとめるだろうか。

家族、親戚、友人、会社の同僚……あなたの身近なところにも必ず被害者はいる。信じられない、いや信じたくないことかもしれないが、それが真実なのだ。

「でも自分の周囲に被害者はいないし、そんな話は聞いたこともない。調査の結果は信用できないんじゃないか」そう思う人もいるかもしれない。

被害の実態が顕在化しないのにはわけがある。

まず被害者自身が、「自分にも悪いところがある」「たいしたことではない」などと考えて、公的機関はおろか、友人や家族にも相談しないからだ。

その裏には、加害者の男性によるマインドコントロールがある。

重傷を負って病院に運ばれても、「濡れた床で滑ったと言え！」と脅かされて、嘘をつく場合も多い。

殴った本人が病院に付き添い、妻が滅多なことを言わないように目を光らせていることもある。そして傷ついた妻を甲斐甲斐しく世話をするため、「まあ、なんてやさしいご主人」という具合に、周囲はだまされてしまうのだ。

近年は、救命救急室の医師たちも、DVが負傷の原因であることを見抜くための専門的な訓練を受けている。

アメリカではこうした対策が一応の成果を上げており、被害の早期発見、再発防止（病院で手当てを受けても、家に帰れば、また繰り返し殴られるケースが多い）に役立っているという。

◇「低学歴、低所得の家庭の問題ではないか」

ドメスティック・バイオレンスは低学歴、低所得の家庭だけに起こるという誤った認識もある。

だが、人種や年齢、学歴、職業、収入などは関係ない。

アメリカでは、DV加害者向けのカウンセリング・プログラムに参加する男性の3分の1が、医師、弁護士、学者、会社の重役など、社会的地位の高い職についているという。

日本のカウンセラーや婦人相談員に話を聞いても、同様の傾向が窺える。

「医師はほんとうに多いし、大学教授や政治家もいる。世間では偉いとか、りっぱだとか思われている男性が多いから、余計やっかいなんですよ」（ある婦人相談員の話）、というのは、関係者なら誰でも口にする決まり文句である。

「あんなりっぱなご主人が、暴力なんてふるうはずがない」

そんな世間の思い込みが、問題をさらに見えにくくしているのだ。

1999年2月には、カナダの在バンクーバー日本総領事館の下荒地総領事（当時）が、妻を虐待した罪で現地の警察に逮捕されるという事件も起こった。病院で手当てを受けた夫人には、目の周りに殴られた形跡があり、顔や首にも青痣《あざ》があったという。

警察の取り調べに対し、総領事は虐待の事実を認めつつも、「文化のちがいの問題で、たいしたことではない。妻は殴られて当然だった」と答えたと報じられている。

地元の新聞「バンクーバー・プロビンス紙」には、「最悪なのは、総領事が妻を殴ることを『(日本の)文化だ』と考えているらしいことだ。だが、カナダでは犯罪であり、容疑者は裁判にかけられるのだ」と厳しい論調の記事が出た。

この一件は、外務省のエリートにもＤＶ加害者がいることを証明すると同時に、日本男性の認識の遅れを国際的に露呈した例といえるだろう。

◇「殴られる夫も多いのではないか」

「そうは言っても、女性から男性に対する暴力もあるはずだ」

「ウチはカミさんのほうが凶暴だよ」

そんな男性の〝反論〟もよく耳にする。

もちろん、妻から夫に対する暴力もある。だが、その数は少なく、殺人にまで及ぶ例は稀なのである。

アメリカの司法統計局の近年の統計によると、ドメスティック・バイオレンスの被害者の約9割が女性である。

女性が被害者となった殺人事件のうち、夫など親しい間柄の男性に殺されたケースは全体の3割に及ぶが、妻や恋人に殺される男性は全体の約3%にすぎない（しかも過去30年、パートナーに殺害される男性の数は大幅に減少する傾向にある）。

また女性が加害者となる場合、きっかけのほとんどが男性側の暴力であり、男性が持ち出した凶器から身を守ろうとして事件が起こる、というパターンなのだ。

日本でも同様で、警察庁がまとめた「配偶者間における犯罪の被害者」を見ると、殺人（保険金目的の殺人も含む）、傷害、暴行を合わせた被害者の93・5%を女性が占めている（2014年の検挙件数より）。

「男は外に7人の敵がいる」というが、女の敵はどうやら家のなかにいて、しかも、その相手と一緒に暮らすという、たいへん危険な状況に陥っているらしい。

家庭という密室では助けを求めることもできないし、何かが起こっても証人になってくれる第三者はいない。社会から見えないところで陰湿に繰り返される犯罪がドメスティック・バイオレンスなのだ。

アメリカでは、パートナーに殺される女性の数は、年間1000人以上にのぼる（FBI調べ）。90年代はじめの年間1500人前後と比べると減っているが、それでも1日に3人以上の女性が夫や恋人に殺されているわけだ。


本書では主に男女間の暴力を取り上げているが、欧米ではゲイやレズビアンのカップルにおけるDVも深刻な問題になっていることも付け加えておく。

この場合は男性が被害者になったり、女性が加害者になったりすることも忘れてはならない。

ある調査によると、アメリカのホモセクシャルのカップルのうち約3割がDVを経験しており、身体的暴力を受けるゲイは年間50万人にものぼるという。

あまり表面化しないが、日本でも同様のことが起こっているのではないだろうか。

◇「殴られても仕方がないような、ひどいことを妻がしたのではないか」

「殴られるほうも悪い。きっと夫を怒らせるような悪妻なんだよ」

こうした誤解があるために、友人にも事実を打ち明けられなかったという被害者は多い。殴られるような原因があって暴力に発展するのなら、むしろ話はわかりやすい。原因がない、あるいは原因がわからないから厄介なのだ。

暴力のきっかけはささいなことだ。

「米のとぎ方が悪い」
「オレより先に寝た」

言い換えれば、どんなことでも爆発の引き金になりうるということ。

帰宅した夫に「おかえりさない」と声をかけた途端、殴られた人もいる。「言い方が気に入らない」というのが、その理由なのだ。

「つわりが激しかったり、流産の危険性があって床についているとき、『寝てばかりいる』

と殴られた」

「焼き魚の『焦げ目がつきすぎている』と怒鳴られた」

これが世間の言う「殴られても仕方のない悪妻」の実態なのである。

いかにも強面、ヤクザ風の男性が加害者なら、周りの人も納得し、同情してくれるだろう。ところがＤＶの加害者には、外ヅラがよく、おとなしい人が多い。

そのため、妻が思い余って「実は主人に暴力をふるわれていて……」などと打ち明けても、それを信じてくれる人が少ない。

逆に、「あんな温厚な人が逆上するぐらいだから、きっとひどい奥さんなんだ」「あんな見え透いた嘘を言うなんて、ちょっとおかしいんじゃないか」と言われてしまうわけだ。

実際に、そうした世間の偏見を利用して、「いやぁ、お恥ずかしい話ですが、実はウチの家内は鬱気味でしてね」などと、あらぬ噂を流して妻を孤立させ、精神的に追いつめる夫も多いのだ。

被害者は、なぜ逃げられない

さしたる理由もなく虐待を受け続けるうちに、被害者は感情を失い、生きる力を奪い取られてしまう。無力感に支配されて、現状を変える、つまり「逃げる」「離婚する」といった前向きな行動をとれなくなってしまうのだ。

「バタードウーマン・シンドローム」と呼ばれるその心理状況を解き明かしてみよう。

心理学者レノア・ウォーカーは、著書『バタードウーマン』のなかで「暴力のサイクル」という概念を打ち出した。これはドメスティック・バイオレンスの構造をうまく説明するモデルとして定着している。

ＤＶ加害者の行動には、以下のような3つのサイクルが見られる。

まず、言葉の暴力や脅迫などで「緊張状態が蓄積される時期」があり、次に、実際に身体的、性的暴力をふるって、「殺すぞ！」と凶器を突きつける「暴力の爆発期」へと進む。

こうした行動は、妻が離婚を口にしたり、別居に踏み切るとますます激化するが、一定期間がくると「俺が悪かった。もう暴力はふるわないから……」と甘い言葉やプレゼントを並べて更生を誓う「ハネムーン期」が訪れる。

大仰に誓約書を書いたり、普段は買わないケーキや花束を買って帰る加害者もいる。

女性は情にほだされやすく、つい相手の言葉を信じて、「この人も改心してくれるはず。もう一度ふたりでやり直そう」と元のさやに収まってしまう。

一度は愛した相手である。「俺はおまえがいなきゃ、ダメなんだ」と泣きつかれれば、気持ちもゆらぐ。そんな女心を誰が責められよう。しかも直前の暴力が激しかっただけに、ちょっとしたやさしさだけで、とてつもなく幸せな気持ちになってしまうのだ。

しかし現実は非情だ。約束は守られず、また緊張と暴力の爆発のサイクルが繰り返されるだけ。しかも暴力は、どんどんエスカレートしていく——。

「ハネムーン期」があることで、被害者は「暴力の罠」から抜け出せない。

香澄の例を思い出せば、この悪循環を断ち切ることの難しさを理解できるのではないだろうか。

孝江さんも何度か家出を試みているが、その度に「もう暴力はふるわない」「おまえに甘えてへんかったら、オレは生きていかれんのや」などと言われ、家に戻っている。もちろん、そんな懺悔の言葉はその場限りのもの。2回目の家出のあとで帰宅したときには、早速、ムチウチ症になるほど殴られてしまったのだ。

DV被害者にとって、逃げることは決してたやすいことではない。世間体、子どものため、経済的な問題、転職の難しさ——さまざまな理由が、その決心を阻む。

また、加害者である夫は、通常、別れ話に簡単に応じない。

「殴りたくなるぐらい憎い妻なら、すぐ離婚に同意するのでは」と思うのはまちがいで、むしろバタラーは「愛しているからこそ、虐待するのだ」と主張するのである。

思うままに支配することが目的だから、対象はそばに置いておく必要がある。それに相手が自分に盾突くことも気に入らない。望まない離婚を妻から申立てられるなど、男のコケンが許さないのだ。

「別居する」「離婚する」と妻が口に出すと、夫の暴力が激化することは統計上でも明らかになっている。

米司法統計局の発表では、「別居中の既婚女性が配偶者から虐待を受ける確率は、離婚した女性の3倍、婚姻中の女性の25倍も高くなる」のだ。

「別れるというのなら、覚悟しろ。おまえの両親や兄弟も無事ではいられないぞ！」

ヤクザ映画まがいのセリフを吐いて、わざと刃物をちらつかせるのは常套手段のひとつ。「おまえがどうしても出て行くなら、俺は自殺する」などと脅かして、実際に自殺未遂に及ぶ場合もある。

実家に逃げた程度では、すぐに追いかけてくる。嫌がらせの電話をかけたり、妻の職場で待ち伏せすることもあたりまえ。

仮に、離婚の法的手続きを進めても、親権を強硬に主張することで裁判を長期化させ、精神的にも経済的にも妻を苦しめる。子どもを一種の人質として、妻と会うための口実にするのだ。

極端なケースでは、子どもを奪って逃走し、「子どもを返してほしければ、言うことを聞くんだ」と脅迫することも。

まさに、あの手この手で、妻を自分の手元に留めておこうとするのである。

圧倒的な無力感

暴力夫の脅迫におびえ、「周囲に迷惑をかけたくない」という理由から、逃げるのをためらう妻は多い。

だが、ＤＶ被害者が逃げられないのには、ほかにも理由がある。

専門家が最もよく引き合いに出すのが、「学習された無力感・絶望感」という心理状態である。

「学習された無力感・絶望感」とはいったいどういうものか。

人は通常、自分がこう動けば、こういう結果が得られるという、因果関係の予測をもとに行動している。

たとえば、他人の物を盗んだから、その結果として怒られる、という具合である。

ところが、予測を裏切るようなことばかりが起これば、状況をコントロールすることができなくなる。何も悪いことをしていないのに、理不尽に怒られてばかりいると、何が何だかわからなくなってしまう。そして「自分には、どうすることもできない」という無力感に陥ってしまうのだ。

セリーマンという心理学者の有名な研究がある。

犬を檻に入れて、理由なく電気ショックを与える。いいことをしても、悪いことをしても、とにかく虐待する。つまり、DV被害者と同じ状況に置くわけである。

最初はもがいていた犬も、時間も状況も予測できない虐待を受け続けているうちに絶望的になっていく。檻から逃げ出すことも試みずに、ただおとなしく電気ショックを受けているだけ。

そうなると、檻を取り払っても犬はじっと動かない。腰が抜けて、行動する気力も失った状態になってしまうのである。

この実験結果は、虐待を受けている女性の心理状態をうまく説明している。

彼女たちも、檻に入れられた犬のように、明確な理由もないままに殴られるという日々の繰り返しの末、混乱し、すべてをあきらめてしまう。深い絶望感のなかで、豊かな感受性は失われ、能面のように無表情になっていくのである。

言葉の暴力の被害も深刻だ。

「おまえはバカだ。クズだ」と何度も罵られるうちに、自尊心をズタズタに切り裂かれ、「夫が言うように、きっとわたしが悪いのだ。わたしは最低の人間だ。だから殴られるのだ」と思い込んでしまう。

その結果、相手を責めることや、「逃げる」「別れる」という前向きな思考を失う。ただその場をうまく収めるために夫の顔色を窺い、相手の気に入らないことを決してしないよう、ビクビクとおびえながら暮らすのである。

たとえ肋骨が折れても、体の痛みなら我慢できる。時が経てば傷も癒える。だが、いちばん耐え難かったのは精神的なダメージだと、被害者たちは口を揃える。

「何も悪いことをしていないのに、足で頭を踏みつけられ、土下座させられた」

「誠心誠意尽くしたのに、夫はわたしを人間扱いしなかった。それがいちばん辛かった」

自尊心を奪われた心の傷は、暴力から逃れたあとも、長い間、彼女たちを苦しめるのだ。

「愛情」「希望」「恐怖」で繰り返す家出と和解

たとえいったん決心して家を出ても、夫に説得、あるいは「おまえが戻らなければ、家族を殺すぞ」などと脅迫されて、再び家に戻るケースも少なくない。

アメリカでも、バタードウーマンは10数回、家出と和解を繰り返すと言われているほどなのだ。

磁石に吸い寄せられるように、あえて自分に危害を加える夫のもとに戻ってしまう女性たちの心理。そのキーワードは「愛情」と「希望」と「恐怖」である。

ふたりの関係には良い時期もあった、かつては愛し合っていたんだからという「愛情」。

きっと彼は変わってくれる、最初はこんなふうじゃなかったという「希望」。

自分が逃げることで、両親や子どもまで危ない目にあうのではないかという「恐怖」。

これらが複雑に絡み合って、関係を断ち切ることを困難にしているのである。

まるで巧妙な罠にはまったかのように、夫のもとから逃げ出せない妻たち。

ＤＶ防止法施行から13年が経過した２０１４年の内閣府の調査でも、何らかの被害を受けた女性のうち、「どこ（誰）にも相談しなかった」人が44・9％と半数近くを占めている。警察に連絡・相談した人はわずか１・８％だ。

家族や友人にさえ打ち明けなかった理由として、「相談するほどのことではないと思った」が最も多く（47％）、以下、「自分にも悪いところがある」「相談してもムダだと思った」「自分さえ我慢すれば、なんとかやっていけると思った」が続いている。

また、被害を受けた女性のうち、「相手と別れた」のはわずか10・８％。「別れたい（別れよう）と思ったが、別れなかった」が45・８％、「別れたい（別れよう）とは思わなかった」が36・４％となっている。

２００５年の同調査では「相手と別れた」女性は４・７％であったことを考えると、離婚に踏み切った人の割合は倍以上に増えている。そこだけは大きな進歩といえるが、法律が施行され、「夫の暴力は犯罪だ」という認識が広がっても、被害が隠蔽される構図に目立った変化は見られない。

古い価値観に縛られる日本の妻たち

日本の妻たち、特にある一定の年齢以上の女性には、古い「家制度」の枠組みも足かせになっているのではないだろうか。

直子さんが9年間も夫の暴力に耐えていたのは、〝世間の目〟が怖かったからだという。夫から逃げて、その結果、離婚ということになれば、「人生の落伍者だ」という烙印を押されてしまう。

それを怖れて、親や姉妹、友人にも真実を打ち明けられなかった。

「家の恥」をさらして、家族に迷惑をかけたくなかったというのだ。

故郷から単身上京し、直子さんは前夫と出会った。

理屈っぽくて、饒舌な大学生。時代の影響もあったのだろう。熱心にマルクス主義を説く、病弱なヤサ男に、若い直子さんはどんどん惹かれていったのだ。


ふたりは間もなく同棲をはじめる。

「同棲」や「事実婚」という言葉が流行していた時期で、直子さんも「夫のものになる」という考え方に反発していた。そこで籍は入れずに、ふたりは事実上の結婚生活をはじめたのである。

しかし、当時から「なんとなく危ないなぁ。この人」という漠然とした不安は感じていた。すぐカッとなったり、暴力をふるう傾向は確かにあったのだ。


周りの勧めもあって、直子さんが25歳のとき、ふたりは正式に結婚する。

夫の故郷に帰り、新婚生活をはじめたのだ。夫は堅実な会社員になり、妻は非常勤で役所に勤めた。

酒も飲まない夫は、会社でストレスが溜まるのか、そのころから家でうっぷんを晴らすようになった。

きっかけはほんとうにつまらないこと。いまとなっては、それが何だったのか思い出せないほど些細なことが原因だった。

いったん夫の怒りにふれると、もう歯止めがきかない。

激昂したその瞬間に目付きが変わった。普段とは明らかにちがう、別人のような恐ろしい目。心の底まで凍るような、非情な目。

そして直子さんは悟るのだ。「あぁ、もう逃げ場がない。気の済むまで、殴られるしかない」と。

髪の毛を鷲づかみにされ、部屋中を引きずり回された挙げ句、部屋の隅に投げ飛ばされた。痛みと恐怖からうずくまっていると、腹部目掛けて、何度も蹴りを入れられた。力まかせに髪をつかまれて、毛がごっそり抜けたこともあった。

つらくて、惨めだった。

そんな生活が毎日続いても、直子さんは逃げられない。子どももいる。経済的な問題もある。家庭というしがらみから抜けだすことはできなかった。

「殴られる自分のほうに落ち度があるんじゃないか」とも考えていた。我慢するしかない。

精神的に追いつめられた状態では、ほかの選択肢は浮かばなかった。「きっと、どこの家庭でもこんなものだろう」と自分自身を納得させ、夫の機嫌を損ねないよう、相手の顔色を窺うことにすべての精力を傾けた。

気の休まる暇はなかった。

自分のなかにある〝世間〟を乗り越えて

子どものころ、実父は愛人を作って家出。その後、母親が再婚した義父とも折り合いが悪かった夫は、暗い過去を背負っていた。

義父が母親を殴る現場を見たり、自分も母親に殴られた経験が、彼の精神面に影を落としていたことは疑う余地もない。暴力は親から子へと連鎖するのである。

いまになれば理解できるが、「暴力の連鎖」など当時の直子さんは知る由もない。ましで夫の暴力が犯罪になるとは考えもしなかった。

逃げ込むべき実家は遠い。離婚する勇気もない。それに、いざとなると、病弱な夫を見捨てることも忍びなかった。

誰にも相談せず、ただ耐えるしか術はなかった。

そのうち夫は子どもにも手を出しはじめた。泣きじゃくる幼い息子を殴りつけ、暗い部屋にひとりで閉じ込める。我慢も限界に近づいていた。

1月の寒い夜、いつものように逆上した夫は「出て行け！」と妻を外に追い出し、家から閉め出した。コートも持たない身に、冬の夜風がこたえた。

財布もなく、逃げていく場所もない。近所にも迷惑をかけられないと思い、家の周りを何度も何度もぐるぐる回った。

どれぐらい時間がたっただろう。凍てつくような寒さが身にしみる。心まで凍りつくような夜だった。

「どうしてわたしがこんな目にあわなきゃいけないんだろう」

ほんとうに、ほんとうに情けなかった。あのつらさ、あのくやしさは、一生忘れられない、と直子さんは言う。

そして何かがふっきれた。

「こんな生活は、もうやめよう。息子を連れて家を出よう」

そう決めたら、家に残された子どものことが急に心配になり、玄関の扉を叩いた。「今夜だけの辛抱だ。明日になったら、妹の所に逃げて、すべてを打ち明けよう」と、自分に言い聞かせて。

離婚を決意し、行動を起こしてしまえば、あとは意外に簡単だった。

家庭裁判所での調停がはじまると、夫のほうが「もめるのはみっともない」と世間体を気にして、あっさりと折れたのだ。

振り返ってみると、自分のためにも、子どものためにも、離婚してよかったとしみじみ思う。親子でよく話し合ってきたし、息子も「母子家庭で何が悪いの？」と言ってくれている。

当時、なぜ、あんな生活に耐えていたのか、いまとなれば不思議なほどだ。離婚することによって、「家庭も満足に維持できない女」と、うしろ指をさされるのが嫌で、家を出る決心がつかなかっただけ……。

しかし、いったい誰がうしろ指をさすというのだ。

考えてみれば、世間なんて自分の心のなかにあるのだ。人の目ではない。自分自身を納得させるのに時間がかかっただけ。でも、そこを乗り越えたら、何も恐いものはない。

結婚する前は、家族制度という古い価値観にあんなに反発していたはずなのに。結局は、そのカビ臭い価値観にがんじがらめに縛られていたのだ。

「戸籍というあの紙切れは、何だったんだろう」と直子さんは思う。男友だちはほしいが、もう結婚はたくさん。一度手に入れた自由を手放したくはない。そう考えているという。

第2章
男たちはなぜ殴るのか

「殴ったことなどない」

元妻ニコールを殺害した罪に問われたOJ・シンプソンは、民事裁判ではじめて証言台に立ち（刑事裁判では証言しなかった）、こんな発言を繰り返した。

「ニコールを何度平手打ちにしましたか」
「一度もありません」
「彼女を何度足で蹴りましたか」
「一度もありません」
「では、何度彼女を叩きましたか」
「一度もありません」
「あなたが彼女を殴ったときの様子を、彼女が書き残していることはご存じですね」
「はい、知っています」
「それでは、あなたの意見では、彼女の記録は偽りだったということですか」
「そうです」

(殴られて腫れたニコールの顔の写真を前に。目の周りは赤紫色に腫れ、唇は切れ、首には赤い痣《あざ》がいくつも付いている)

「こんな傷を負わせるなんて、いったいあなたは何をしたんですか」

「彼女を部屋から追い出そうとしました。彼女が外に出たとき転んでケガをしたんでしょうが、それをわたしは見ていません。もちろん、責任はすべてわたしにありますが……」

「あなたが、その手で、その足で、何をしたのかを聞いているんです。どのようにして、彼女は唇を切ったんですか。ここに傷があるじゃないですか。出血していたんですよ」

「知りません」

「では、彼女の右目の周りが腫れ上がっているのは、どうしてですか」

「どのようにして、こうなったかは知りません」

「あなたが殴ったんじゃないんですか」

「いいえ」

あまりにも空々しい発言の連続。

平気で嘘をつき、自分に都合のいいように物事を運ぼうとするのは暴力夫の常套手段だが、ＯＪは同じことを法廷の場でやったわけだ。

だがニコールは、こんな日記を残している。

「今夜は怖かった。激怒するとＯＪは別人になる。恐ろしい。まるで野獣のような顔になるのだ。血管が浮き出て、目がどす黒くなる……そうなったら、もうおしまい。もし、もう一度こんな事が起きれば、それがわたしの最期になるにちがいない」


ＯＪ・シンプソン、香澄の夫、孝江さんの夫。

彼らの言動が奇妙なほど似通っていることに気づいた読者も多いだろう。

「妻を殴ったことなどない。わたしは彼女を愛していた」

「軽くはたいただけで、たいしたことではない」

「暴力のきっかけになるようなことを、妻が仕掛けてきただけ。はずみで手が出た。殴るつもりはなかった」

「いったい、どこで習ったのか」と首をかしげたくなるほど、加害者の物言いは共通している。

加害者は自分たちのふるった暴力を認めない。それどころか、「自分はむしろ被害者だ」と言ってはばからないのだ。

「あんなひどい女房をもらって、オレは不幸だ。おまけに、暴力をふるわれたとか何とか大袈裟に騒いで亭主を悪者にしたうえに、勝手に家を出て行きやがった。とんでもない話だ。ほかに男がいたにちがいない。オレは許さねえぞ！」

彼らの言い分を総合すると、こんな感じになる。

先に紹介した孝江さんの夫も、離婚調停の際、こう言ったそうだ。

「パンパンと軽く平手打ちにしたぐらいで、殴ったなどというものではない。妻のことばかりを考えて、自分を犠牲にして辛抱してきた。なのに妻はこうしてわたしを社会的に貶め、無茶苦茶にしている。自分は利用されただけなのだ」

孝江さんの語る戦慄の体験を知ったあとでこのセリフを聞けば、どんな感想を抱くだろうか。

だが、物事には二面性がある。夫の恐ろしく自分勝手な見地からいうと、そういうことになるのかもしれない。なぜなら、バタラーの行動の基本は、相手の気持ち、立場、人権などをことごとく無視して、自分の意のままに操ることだからだ。

ボストンでDV加害者のカウンセリングを行っているチャック・ターナー氏は、殴る男たちの深層心理をこんなふうに分析する。

「ドメスティック・バイオレンスの背景には、一方が他方を『腕力や権力（パワー）で支配（コントロール）しようとする』構図があります。相手を自分の所有物のように支配して、すべてを思いどおりにコントロールするのです。

近代文明社会では、男が支配する側で、女が支配される側。女性の力が強くなったといわれるアメリカでも、まだまだ支配するのは男性です。また、ゲイやレズのカップルにおいても、一方が支配する側、他方が服従する側になっている。だから同様の問題が起こる。

男たちは、被支配者が自分の意に反した行動をとるとイライラする。それを力で何とかしようとする行為が虐待であり、自分にはその権利があると信じ込んでいるのです。

また、DV加害者には罪の意識がなく、自分はむしろ被害者だと考えている。その意識を変えて、妻への虐待は自分が選択した行動であり、自分はその責任を取らねばならないと悟らせるプロセスが非常に難しい。それが最も頭の痛い部分なのです」

つまり、ドメスティック・バイオレンスとは、家庭における権力者が権力を濫用して、力で他方を圧し、支配しようとする行為なのである。

DV加害者の特徴

アメリカでは妻を殴った夫は逮捕される。被害者は申立てにより裁判所から「(接近禁止の)保護命令」を取得。これを破って被害者に再び近づき、危害を加えた者は処罰されるのが原則である。(2001年にDV防止法ができて以来、日本でもほぼ同様の流れができたが、運用のあり方などは異なる)

アメリカの場合、画期的なのは、逮捕された加害者は裁判所の命令によって、更生のためのカウンセリング・プログラムを強制受講させられることだ。

ターナー氏の所属する「エマージ」は、そうした男性を受け入れるためのカウンセリング機関なのである。

「エマージ」の創始者のひとり、デービット・アダムス氏の研究によると、DV加害者には以下のような特徴がある。

◇公の場と家庭内における行動のちがい

ＤＶ加害者に対する世間の評判は、家での行動とは裏腹に、一見穏やかで人あたりのいい、家族思いの、いわゆる「マイホーム・パパ」。

妻のほうが、ヒステリックな人だと見られがち。そのため妻が暴力を打ち明けても、「あんないいご主人が、まさか……。そんなことを言う奥さんのほうが、少しおかしいのでは」と、周囲の人は相手にしない。

◇暴力の否定

「たいしたことはしていない」「あれは暴力とはいえない」と手前勝手に解釈したり、嘘をついたりして虐待の事実を否定する。

相手に重傷を負わせるほど虐待しても、自分が〝暴力亭主〟だという認識はなく、逮捕されても「あんなささいなことで、まさか」と心底意外な顔をする。犯罪の加害者としての自覚は皆無である。

◇責任の転嫁

「妻がそう仕向けた」「酒のせいだ」などと罪を自分以外のものになすりつけ、自分は被害者だと考える。また、「暴力は妻を矯正するため。妻のためにやったのだ」と主張し、他人も自分の意見に同調してくれるものと信じている。

◇マインドコントロールを駆使する

「おまえほどバカな女はいない」などと妻の自尊心を傷つけるようなことを言うのは、相手をコントロールしやすくするための戦略。自信を持たれてはやりにくいため、徹底的に罵り、妻の人格を攻撃する。

悪口を言いふらして社会的に孤立させ、「他人のほうが大事なのか!」と詰め寄って、親しくしている友だちや同僚、親戚から引き離す。

頼るものは夫しかいないという状況をつくり出したうえで、意のままに操作する。

たとえば、孝江さんも友人に電話をかけることすら禁止され、心細い思いをしていた。

話をしていると「亭主をないがしろにしやがって！」と夫が怒ったため、親からの電話でも「番号まちがいです」と見え透いた嘘をつき、切らざるをえなかったという。

◇嫉妬と所有欲

自分の所有物としての独占欲は強烈。相手が別れ話を口に出すと、「男ができたにちがいない」などと妄想を膨らませてストーカーに転じ、暴力を激化させる。この嫉妬が度を越すと、殺人に結びつくこともある。

別居や離婚後、自分に新しい恋人ができても、ジェラシーの炎は消えない。別れた妻のこともやはり気になって、虐待を続ける。

◇子どもを利用する

子どもに対しては、直接虐待するほか、母親の行動を監視するスパイとして使ったり、一種の人質として利用する。さらに、離婚裁判に至ったときは、親権を強硬に主張することで裁判を混乱させる。香澄の夫の行動はこの典型例だろう。

ドメスティック・バイオレンスにおける最大の被害者は子どもである。

自分が虐待を受けなくても、母親が暴力を受けるのを見て育った子どもは心に大きな傷を受け、将来、男の子は暴力の加害者に、女の子は被害者になる可能性が高い。こうして暴力は連鎖していくのである。

◇更生に対する拒否

加害者意識がないため、当然、更生しようという意志はない。カウンセリング・プログラムに参加する理由は、「裁判所の命令」か「妻側の復縁の条件だから」といった外的な動機であって、自発的なものではない。

それ故、カウンセリングを受けてもドロップアウトする者が多く、続けて参加しても、じっくりと内面の問題に取り組もうという真摯な姿勢はほとんど見られない。

また、殺人など凶暴な犯罪は、引越し、就職、転職など、相手が自立に向けて進み出した時に起こりやすい。

その時点で、別居や離婚から時間が経過していても関係ない。バタラーのなかでは、相手はいつまでたっても「自分の所有物」であり、それが勝手な行動をとることは許されないことなのだ。

世間の思い込みとはちがって、ドメスティック・バイオレンスによる殺人は決して衝動的なものではない。確固とした決意のもとに計画的に実行される犯罪であり、「衝動的に」などというのは、加害者の言い訳にすぎない。

過度に暴力的な男性は激情に走るタイプではなく、むしろ暴力をふるっている最中は心拍数が減少し、安定することが明らかになっているという。

現場を第三者に目撃されないよう窓にカーテンをひくなど、殴っているときの加害者が驚くほど冷静だというのは、多くの被害者に共通する証言なのだ。

さらに、ひとりの女性を虐待する男性は、また別の女性を虐待する。改心しない限り、同じ悲劇が何度も繰り返されるのである。

「男らしさ」と暴力

こうしたバタラーの行動には、人種や国籍、学歴、職業などによるちがいはない、と研究者たちは口を揃える。わたしの体験でも、アメリカの取材で学んだことが、おもしろいぐらい日本の加害者に当てはまった。加害者が次にとる行動が予測できるほどに。

「それはつまり、バタラーが男だからです。バタラーの心理は『男らしさ』というジェンダー（社会的性差）と深く関わっています。男は誰しも『他者をコントロールしたい』という願望を心の底に持っているのです」

文化的、社会的に植え付けられた「男らしさ」という概念が、ドメスティック・バイオレンスを引き起こす主因になっていると、先述のターナー氏は語るのだ。

河合隼雄氏はその著書『とりかへばや、男と女』のなかで、「男らしさ」「女らしさ」の概念について興味深い考察をしている。

かいつまんで紹介すると次のようになる。

男女の役割が多くの文化で非常に固定的に考えられることの背景には、人間の意識の二分法的思考が存在する。コンピューターの演算機能のスピードを考えればわかるように、「天・地」「優・劣」といった二分法的思考は、物事を操作するうえで、非常に効果的である。

人間に対しても、善人と悪人という二分法が可能であれば事は簡単で、善人を助け悪人を倒せばよい。人間を操ろうとする人にとって、これはなかなか有効な考え方なのだ。

男性と女性についても、文化や社会がそれなりの秩序をもつために、無理矢理に二分法的分類に押し込めてゆき、男女というものが「本来的」にそのような存在であると錯覚されるまでになった。

また、多くの文化が、男女の役割を分類するだけでなく、それに優劣、上下という関係を当てはめてきた。

その一例が男尊女卑という考え方である。つまり、秩序を守るため、「男は〇〇すべし」「女は〇〇すべし」という道徳を、ご都合主義的に確立してきたのである。

「男らしい」「女らしい」という二分法の分類と思考法は、秩序を保つためには極めて便利であり、時には「正しい」とさえ感じられる。だが、実は、その秩序を支えていくためにずいぶん無理をしており、その結果、何らかの犠牲を要求しているのである。

加害男性の心理にジェンダーが深く関わっていることを勘案すると、河合氏が指摘する「秩序を支えるための無理」というものが、たとえば、ドメスティック・バイオレンスという男女関係の歪みとして、噴出していると考えられるのではないだろうか。

「支配―被支配」の軸に従い、夫が妻を虐待する構図は、ごく少数の民族を除き、全世界で共通に見られる現象だといわれている。

さまざまな文化のなかで、知らず知らずのうちに男性のなかに刷り込まれた「男らしさ」、男性優位の考え方が、世界中のバタラーの行動を規定し、その自分勝手な思考を正当化しているのは興味深いことである。

男性学を専門とする京都大学大学院の伊藤公雄教授は、イタリアのフェミニストの『愛の労働』という著書をひき、男たちの支配の構図についてこんな説明をしている。

「愛」を隠れみのに、無償の家事労働を女たちに催促できる権限を持っていると男たちは考えている。

つまり、女たちがこの労働を怠った場合、男は心理的圧力（暴力）をかけ、それでも効果がない場合、身体的暴力を行使する権限さえ持つと、思い込んでいるのである。

「妻を愛している」から「妻がその愛に報いること」を強要する。夫は、働かないから妻を殴るのではなく、「自分を十分に愛していない」から殴るのである。

この説明は、男性にとってはけっこう的を射たものであるらしい。

女性には甚だ迷惑な話であるが、男たちが「自分の所有物である女たちを暴力を含めたあらゆる手段で支配する権限がある」とプログラムされていることだけはどうも確かなようである。

古い価値観は若い世代にも

また、女性が主導権を握り、親世代とはちがった恋愛観、夫婦観を持っているように思える若い恋人同士にも、ドメスティック・バイオレンスは広がっている。

恋人間でのドメスティック・バイオレンス、いわゆる「デートDV」の実態をさぐるため、2012年に東京都が行った「若年層における交際相手からの暴力に関する調査」(都内在住の18歳から29歳の男女が対象)では、女性の42%、男性の31%が「何らかの被害を経験した」と答えたのだ。

各項目をみると、「人と会うことや外出などの行動を制限する」を経験した女性は20・9%、「嫌がっているのに性的な行為を強要する」を経験した女性は16・6%いる。ただし男性の被害者もいて、「殴ったり、蹴ったりする」は女性の16・2%、男性の9・9%が経験している。

こうした「デートDV」は中高生にも広がっており、NPO法人「女性と子ども支援センター　ウィメンズネット・こうべ」が行ったアンケート調査では、交際経験のある高校生の約3割が被害を受けたことがあると答えたという。

友だちと会うことを制限する、メールや「LINE」をチェックするといった束縛は相手をコントロールするための手段だが、それを「自分のことをそれだけ好きなんだ」と解釈してしまう。それが、さらに危険な状況を招いてしまうわけだ。

先の東京都の調査では男性の被害も少なくないが、暴力に対する意識には男女間のちがいが見て取れる。交際相手からの行為について、「大声で怒鳴ったり、ばかにしたり、傷つく言葉を言う」を「どんな場合でも暴力にあたる」と認識している女性は81％に対して、男性は69％と、微妙な差があるのだ。

また、女性の80％が「暴力をふるうことは、何があっても許されない」と答えたのに対し、男性は65％にとどまる。

女性たちを縛って来た古い男女観が、日本社会の奥深いところで、若い世代にも脈々と受け継がれているのかもしれない。

第3章

子どもたちの苦悩

「パパのこと好きでいたいのに」

「ママとパパがケンカしている。ボクは悲しい」

「どうか顔をぶたないで。嫌いになっちゃうよ。ほんとはパパのこと好きでいたいのに。だから、とっても、とっても悲しいんだよ。ボクのことなんてどうでもいいの？　そんなふうに思えちゃうよ」

「お願い、殺さないで。怖いよ。怖いよ……。助けて。誰か助けて」

「子どもにはやさしくしてね。どうか、殴らないで」


ニューヨークのミッドタウン、八番街に沿った一角。

「母の日」に合わせて、工事現場を覆った壁が臨時のギャラリーに仕立てられ、ドメスティック・バイオレンスの被害者となった子どもたちが描いた絵が並べられている。

暴力の廃絶を願う素直な感情を表現した絵は、シェルターにいる子どもたちが描いたオリジナルをもとに、アートスクールに通う高校生たちがボランティアで複製したもの。

目を凝らして見ると、子どもたちの痛々しい心の叫びが聞こえてくる。

「わたしの気持ちは、胸の奥にしまって鍵をかけたの」というメッセージの横には鍵のついた赤い箱の絵がある。男の子の顔を大きく描いた絵には、平手でぶたれた跡や、切り傷がある。悲し気な涙目がこちらを見つめている。

父親と母親らしきふたりの人間が「オマエを殺してやる」「やめて」と言い合っている絵もあれば、父親と母親の間に大きな太陽や真っ赤なハートの絵を描いて「LOVE」と添え、「ストップ・ザ・バイオレンス」と題した絵もある。

つらい現実と理想の家族の幻想に揺れる幼心が垣間見られる。


このディスプレイは、工事の壁が撤去されるまで、数ヶ月にわたって展示されていた。あるときは、ホームレスの男性が、「我関せず」とばかりに絵の前でゴロリと横になり、惰眠をむさぼっていた。

実はホームレス問題もドメスティック・バイオレンスと無関係ではない。

女性のホームレスの約半数は、ドメスティック・バイオレンスが原因で家を飛び出し、結果的に路上生活者になったといわれている。

また、父親の暴力に耐えかねて家出し、ホームレスになってしまう少年少女もいるのだ。

そんなアメリカの現実は、日本にとっても「対岸の火事」ではない。

由布子さんは、父、夫、息子と3世代にわたる男たちから暴力を受けてきた。彼女の半生には、家庭内のさまざまな暴力が凝縮されている。

父から母への暴力。その渦中で育った由布子さんや妹たちが、父から受けた身体的虐待や心理的虐待。そして、結婚後に夫から受けたドメスティック・バイオレンス。生まれてから別居に踏み切るまで、由布子さんは40年も暴力にさらされてきたことになる。

実は、夫も、由布子さんと似たような家庭で育っていた。母が父に殴られるのを見て成長した夫は、母親を守るため、父を暴力でねじふせたこともあったという。

「自分たちが育ったような家庭にはしたくないね」

そう誓い合って結婚したはずなのに、夫は、やがて幼い長男を身体的・心理的に虐待しはじめる。

娘には手をあげなかったが、母親や兄が父親に殴られるのを見たり、聞いたりしたことで、娘自身は精神的な苦痛を受けたという。

母の死後は、父親の由布子さんに対する虐待が復活し、その攻撃は、孫である由布子さんの娘や息子にも及んだ。

その後、夫との離婚も成立し、父からも逃れた由布子さんだが、ほっとしたのも束の間、今度は息子の暴力が爆発する。

また、由布子さんの娘も祖父からの脅迫やつきまといの標的となり、兄からの暴力も受けるようになった。

これまで健気に母親を支えていた娘だが、以来、タガが外れたように不登校になり、摂食障害や睡眠障害にも悩まされるようになったという。

だが、そんな由布子さんも表面上は〝幸せな奥様〟を演じていたという。周囲がその虚構を疑いもなく信じていたため、家族の修羅場が表沙汰にならず、悲劇が次々と連鎖したのだ。

DVと子どもの虐待

暴力のある家庭に育つことによって、子どもたちが受けるダメージは深刻である。夫からの暴力は、かなりの割合で妻だけでなく子どもへも向けられる。殴る、蹴るの身体的暴力だけではない。言葉の暴力や性的虐待、ネグレクト（養育の怠慢・拒否）など、子どもたちはさまざまな形で虐待を受けているのだ。

司法省の発表によれば、アメリカでは、暴力のある家庭の子どもたちが虐待にあう確率は、問題のない家庭の子どもに比べ16倍も高くなるという。

「『子どものことで相談がある』という母親の話をよくよく聞いてみると、実は母子ともに夫から暴力を受けていた、という事例は多い」と日本のカウンセラーたちも口を揃える。

また、子ども自身が虐待されなくても、両親の諍いの現場を見聞きすることで、子どもたちの心は深く傷つく。自分のせいで母親が殴られたのだと思い込み、「いい子にしなかったから、お母さんが殴られたんだ」と苦しむのだ。

ＤＶを目撃させてしまったこと自体を子どもへの虐待と捉え、その対策に力を注ぐことは社会の責務といえる。


ドメスティック・バイオレンスは、ときに殺人事件にも発展するが、子どもが巻き添えとなり母親とともに殺害されるケースもアメリカでは数多く報告されている。家庭内で起った殺人の犠牲者の27％は子どもであり、その半数以上が2歳以下の幼児だった、というフロリダ州の調査もある。

たとえ本人の命は無事でも、母親が殺される現場を目撃した幼子の心に残る傷はいかばかりだろう。従来の犯罪統計では、こうした〝心の被害〟の深さを読み取ることは不可能なのだ。


もちろん日本でも似たような事件が起こっている。

たとえば、２００２年８月、横浜市のマンションで、老夫婦とその孫が、娘の別居中の夫に刺し殺されるという残忍な事件が起きた。

逮捕された男は、かねてより妻に暴力をふるっていた。それが原因で、妻は離婚を決意、子どもとともに実家に身を寄せていたのだが、あきらめきれない夫は、妻を尾行・監視。挙げ句に拉致を計画し、刃物を持って妻の実家に乗り込んだ際、争いとなって3人を殺したのである。

ドメスティック・バイオレンスが引き起こした惨劇として、当時、大きくメディアで取り上げられたので記憶している人もいるだろう。

複雑に絡み合う家庭内の暴力

命を奪われた方々の無念さは改めて言及するまでもない。

だが、「自分のせいで、最愛の両親や子どもが殺されてしまった」というDV被害者の苦悩は察するに余りある。夫からの暴力で傷ついたうえに、そんな罪悪感を抱えて生きてゆかねばならない理不尽さ……。想像するだけでも胸が苦しくなる。

また、2013年5月には、神奈川県伊勢原市で31歳の女性が、6歳の長男の目の前で元夫に包丁で切り付けられる事件もあった。結婚直後からDVを受けていた被害者は警察に相談。接近禁止命令も発令され、離婚後は母子でシェルターに避難するなど懸命に逃げていたが、元夫に引越し先を突きとめられたのだ。

被害者は意識不明の重体となったものの奇跡的に一命をとりとめ、元夫には懲役12年の実刑判決が下った。だが、殺人未遂の現場を目撃した長男の心の傷を思うと言葉を失う。

また、被害者である母親は、出所後の加害者からの報復に心底怯えているという。「(元夫が服役中の)この12年がわたしの余命になるかもしれない」。神奈川新聞のインタビューに、そう答えているのだ。


深刻な子どもの虐待が、日本でも社会問題としてクローズアップされているが、その背景にドメスティック・バイオレンスが潜んでいるという事実を見落としてはならない。

家庭内の暴力は、それぞれが独立しているわけではなく、ドメスティック・バイオレンスと子どもの虐待、子から親への暴力などが複雑に絡み合っている。

過去の仕返しとばかりに成長した子どもが老親を虐待するパターンや、兄弟、姉妹間の暴力も珍しくない。そうやって悲劇が次世代へと連鎖していくのだ。

夫からのドメスティック・バイオレンスで精神的に追い詰められた母親が子どもを虐待

するケースも多い。普段から夫に支配され、マインドコントロールされているために、子どもに対する夫の暴力をとめることができず、虐待に荷担するよう仕向けられてしまうこともあるのだ。

一般的に子どもの虐待は、「育児に疲れた母親が、相談する相手もいないまま追い詰められ、イライラを子どもにぶつける」というイメージで語られることが多い。

指摘されるのは、母親の育児能力の未熟さや核家族化の弊害、父親不在の家庭の問題点ばかり——福祉の関係者でさえ、こうした概念にとらわれていると聞く。

育児ストレスや母親の社会的孤立も確かにあるだろう。

だが、目前の親子関係だけにとらわれていると、問題解決の糸口は見えてこない。

なぜ、母親は子どもを虐待してしまうのか。その理由を突き詰めていくと、ドメスティック・バイオレンスなど、もっと複雑な家族の問題にぶちあたる。

虐待をしてしまうと悩む母親が、実は、加害者の仮面をかぶった（DVの）被害者だったというケースは非常に多いのだ。

両親に翻弄される子どもたち

では、ドメスティック・バイオレンスにさらされることによって、子どもたちはどんな影響を受けるのだろう。

「安全な場所」であるはずの家庭で緊張を強いられることによって、子どもたちは自分の住んでいる世界を危険で予測不能なものと捉える。

自己の存在を「叱られたり、無視されても当然の存在だ」と考え、不安や恐怖から常にびくびくしたり、無力感にさいなまれてしまうのだ。

「家の恥」である暴力の事実を周囲に悟られまいと、親が子どもに〝秘密〟を守らせることも、精神的な負担になる。

子どもに悟られないよう、激しい暴力のあとも、何事もなかったようにふるまおうとする母親もいるが、そんな演技に気づかぬほど子どもたちは鈍感ではない。親の不審な行動がかえって疑念をあおり、「うちの家族には暗い秘密がある」と思わせてしまうのだ。

両親の調整役を押しつけられることも問題のひとつだ。

大きくなってからは、父と母の間に入って暴力をやめさせようとしたり、母親を守ろうとする子どもも多い。だが、腕力では大人の男性にかなうはずがなく、結果的に非力な自分を思い知り、生きる自信をなくしてしまうことも少なくない。

また、離婚調停や裁判では、親権をめぐって争うことも多く、父と母の板挟みで子どもは悩み苦しむ。

離婚後の面接交渉もしかり。父親が子どもに会うことを主張するのは、たいてい妻への嫌がらせか、妻と接触する口実をつくるため。妻側のガードが固く本人と接触できない場合は、子どもをスパイのように使って、妻の行動や交友関係を監視させたりするのだ。

恐怖や憎悪から、父親に会うのを嫌がる子どもも多いが、「裁判で決まったことだから」「養育費を払ってもらう条件だから」などと、母親も強引に子どもを送り出してしまう。

子どものほうも、母親にこれ以上負担をかけまいと、自分の気持ちを押し殺して、渋々父親のもとに通うのである。

さらに、母親の何気ない言動によって、深く傷つけられることもある。

「あんな乱暴なお父さんなのに、なぜ離婚しないの？」と迫る子どもに、「あなたがいるからよ」と答える母親は少なくないが、その言葉を聞いた子どものほうは、大きなショックを受ける。

「そうか、わたしがいるからか……」「僕のせいで、お母さんは殴られているんだ」と自責の念にかられ、心理的虐待を受けたときのように、追いつめられてしまうのだ。

「子どものため」という母親の言い分は、自分を納得させるための言い訳にすぎない。

ひとり親ではかわいそう、離婚できたとしても養育費はどうなると、夫と別れられない自分の立場を、子どもの存在によって正当化しようとしているのだ。

母親に子どもを傷つける意図はなくても、子どもたちは母親のそんな対応に翻弄される。

なかには暴力をふるう父親より母親のほうを憎む場合もある。

その理由は、夫の暴力から逃れられずに、ストレスを自分にぶつける身勝手さ（少なくとも、子どもにはそう見える）であったり、「あなたがいい子にしてないからよ」と、責任を子どもにおしつけたりする態度にあるのだが、母親を憎むと同時に、「母に認めてほしい。愛してほしい」という抗しがたい愛着も捨てられないのである。

暴力の連鎖という悲劇

アメリカの研究によると、ドメスティック・バイオレンスが起こっている家庭に育った子どもたちの特徴には、次のようなものがある。

親がその機能を果たしていないため、親の代わりを努めようとして責任感が強くなり、妹や弟の面倒をよく見る。優等生を演じ、学校でも目立たず、問題を起こさないおとなしい子どもと見なされる。

耐え難い現実から目を背けて、空想の世界に逃避する傾向も強い。夢想した理想の家族のなかで生きようとするのである。

また、愛情に飢えているため、大人の注意をひこうと努力する。幼児のときは大人にまとわりついてかまってもらおうとするが、少し大きくなると、自分から進んで大人の仕事を手伝うようになる。

すぐに病気になり、発疹や頭痛、腹痛を頻繁に訴えることもあるが、それでも注意を向けてもらえない場合は、わざと無茶な行動を起こす場合もある。

一方、すぐにカッとなって暴力的な行動に出る子どもも多い。その場合は学校でも落ち着きのない問題児になり、友だちや動物をいじめたり、物を壊したりする。男の子なら、弟や妹をいじめる。

自分が家にいれば父の暴力にも歯止めがかかるのでは、と考え、学校に行かなくなる。けがをした母親の面倒を見たり、家事を手伝うために、学校を休む場合もある。それが続くと不登校が日常化してしまうのだ。

やがて子どもたちは、暴力で問題を解決する方法を身につけてしまう。

成長すると親にも暴力をふるったり、家族の緊張に耐えられなくなって家を飛び出すことも多い。その結果、ホームレスになることもある。

現実から逃避しようとアルコールなどにおぼれたり、盗みや暴行などの犯罪を犯してしまうこともある。女の子の場合は、テレビや映画で見た〝理想の家族〟をつくろうと、家を出て男性と暮らし、早々と妊娠してしまう。その際、父親のような男性を相手に選び、過去に負った傷を再現するかのように、再び被害者になってしまうことが少なくない。

男の子の場合は、自分が女性とつき合う年齢になると、その相手を虐待してしまう。

実際に、アメリカの中学生、高校生の恋愛では、その3分の1が暴力的な関係に陥っているというが、日本の中高生もほぼ同じような状況であることは先に述べたとおり。近年は小学生にも同様の傾向が見られるという報告もある。

こうした「デートDV」は、将来、深刻なドメスティック・バイオレンスへと発展していく危険性が高く、その予防に関心が高まっているのである。

家庭のなかの暴力が、次世代の暴力や社会犯罪を生むことを「暴力の連鎖・再生産」と呼ぶ。欧米の研究では、DV家庭に育った子どもたちのうち、医療関係者の介入が必要になるケースは全体の約4割といわれている。

代表的な症状は、暴力的になる、注意力欠損、動物虐待、薬物・アルコール依存、拒食・過食症、不登校、ひきこもりなど。PTSD、うつ、自己評価の低下、自殺願望などを伴うこともある。

暴力の連鎖は、ドメスティック・バイオレンスや子どもの虐待をはじめ、多様な犯罪へとつながる可能性が高い。〝犯罪社会アメリカ〟の病理は、その家庭の問題と深く関わっているのだ。

無論、それはアメリカだけの問題ではない。日本でも、水面下で同じことが起こっていることはまちがいない。

たとえば、1999年3月末、名古屋市では、母親が虐待されるのを見かねた15歳の息子が義父を殺害するという衝撃的な事件も起こった。

少年は、義父の頭部と胸部をゴルフクラブで殴打、台所にあった包丁で背中を刺したあと、自首している。

報道によると、義父（会社員）は子どもの見ている前で母親を罵倒、暴力をふるっていたばかりか、生活費も渡しておらず、少年は学校も休みがちになっていた。警察の調べに対し、少年は「義父が憎くてしようがなかった」と供述しているという。

また2010年9月には、熊本県で酒を飲んで暴れる父親の首を絞めて殺したとして、息子が逮捕されている。

殺された父親は、ドメスティック・バイオレンスが原因で容疑者の母親と別居。その後も母親を待ち伏せするなど、つきまとっていたという。

日本で頻発しはじめた凶悪な青少年犯罪や不登校の増加も、ドメスティック・バイオレンスに代表される家庭の崩壊と切り離しては考えられない。また、近年、深刻化する子どもの貧困や「貧困の連鎖」とも無関係ではないのだ。

母親は暴力をふるう夫から逃れただけで安心していてはいけない。子どもと社会の健全な将来のために、傷ついた子どもたちの精神面の回復に、細心の注意を向けなければならないのだ。

「父親はいたほうがいい」という誤解

夫の暴力に悩む女性に、「父親はいたほうがいい。子どものために我慢しなさい」と世間の人は言う。

だが、これは重大な思いちがいといえるだろう。

ここまで説明してきたように、暴力のある環境で育つことが、子どもの心身に重大な悪影響を与えてしまう。子どものためにこそ安全な場所に逃げて、新しい生活をはじめるべきなのだ。

「鎖」を断ち切ろうと、勇気を振り絞って行動する女性たちもいる。

夫の暴力に悩んでいた聡美さんは、「子どものおかげで夫の暴力から逃れることができた」と話す。「息子がわたしの目をさましてくれたんです」と。

「5歳のとき、息子がチックにかかったんです。それに、年のわりには、妙にしっかりしたところも気になっていて。子どもらしさが消えていたんですよ。それを見て、なんとかしなきゃいけないって思い、はじめて離婚を考えたんです。

わたしひとりなら、そんな考えは浮かばなかった。『こんなことぐらい平気。我慢できるわ』って思い込んでいましたからね……ひどい暴力だったし、ほんとうは全然平気じゃなかったんですけど。

息子に相談したら、『あんなパパとママを見るのはもう嫌だから、リコンしたほうがいいよ。そのほうがぼくもうれしい』って言ってくれました。そのひと言で決心がついたんです」

それまでは「父親はいたほうがいい」という世間の声に惑わされていたと彼女は言う。だが、「離婚してほんとうによかった」と、力を込めるのだ。

「おかげで息子の表情もすっかり明るくなりました。その様子を見て、いままで苦しい思いをさせてたんだなあって、改めて思い知らされましたね」

いま一度言おう。ドメスティック・バイオレンスは女性問題ではなく、子どもたちと社会の未来を危険にさらす深刻な社会問題なのだ。

子どもたちのためにこそ、逃げてほしい。

そう強く願わずにはいられない。

第4章

ＤＶ防止法後も変わらない「いい妻」の呪縛

わたしが我慢すればいい

裕美さんは、わがままで暴力的な夫と20年以上も暮らしてきた。

「よく耐えたなぁと我ながら思います。ほんとは成田離婚をしようと思ったんですよ。でも、『お見合いとはいえ、自分が選んだ相手だし……』とあきらめた。それに、盛大に結婚式を挙げた手前、すぐに別れるなんて、恥ずかしくてできなかった。両親にも迷惑をかけたくない、などと思い悩んでいるうちに、妊娠していることに気づいて。その時点で、『あぁ、もう逃げられない』と観念した。わたしが我慢すればいいんだ、それしかない、と腹をくったんです」

夫の身勝手さに気づいたのは新婚旅行のときだ。

ハワイ行きの機内で、この日のために購入したビデオカメラが、何かの不具合で動かなくなった。たったそれだけの理由で夫は不機嫌になり、口をきかなくなったのである。

「新婚さんのツアーなので、周囲はみな幸せそうにはしゃいでいる。わたしたちだけが暗い顔をして会話もない。ほかの新婚さんに変な目で見られるのも気になって……。彼が口を開くのは、『仕度が遅い！』『みやげ物を選ぶのに、時間がかかりすぎる』などとわたしを責めるときだけ。どうしていいかわからなくて、わたしはおろおろするばかり。楽しいはずの新婚旅行が最悪の思い出になってしまったんです」

妊娠がわかってから、夫の駄々っ子ぶりはエスカレートする。

「つわりで苦しんでいるわたしが、彼にとってはうっとうしい。だから機嫌が悪くなるんです。ただでさえつらいのに『子どもなんていらなかった』と悪態をつかれて、落ち込みました」

「子どもなんていらない」と言うくせに、避妊には協力しない。そんな身勝手な男だったのだ。


その後、虐待は激しさを増した。

妻のやることなすことが気に入らず、すぐに怒鳴って、腹立ち紛れにテーブルや家具を蹴飛ばして脅かす。身体の大きな夫が暴れれば、威嚇としては効果抜群だ。なんとかとりなそうと、食卓に何種類もおかずを並べたが、終始ブスッとして文句ばかり。

「俺は仕事で疲れている。おまえは家にいるくせに、なんだっ!」

それが夫の言い分なのだ。


殴られたこともある。階段から突き落とされたことも。

暴力のあと、決まって1週間ほど口をきかなくなるのが、またいたたまれない。

やがて、息子たち2人も被害者になった。

小さいころは「泣き声がうるさい!」と怒鳴り、成長すると暴力もふるった。息子たちは、父親の顔色を窺ってビクビクするようになったという。

そのうちDVという言葉も聞くようになったが、自分が被害者だという意識はなかった。もし夫の行為が犯罪だとしても、だから何だというのだ。離婚したら、何の取り柄もない自分に働き口なんてあるはずがない。息子たちを養うことは無理なのだから、このまま耐えるしかないと、みずからに言い聞かせてきたのだ。

最近になって裕美さんは、夫が両親に虐待されていた事実を知った。父親ばかりか母親も息子である夫に手をあげ、ひどい火傷をして泣き叫んでも、見て見ぬふりだったらしい。

「『やっぱり……』と思いましたね。ひとりっ子なのに、親からの愛情を受けていない。夫もかわいそうな人なんですよ。でも、何がつらいって、自分がこんな人生を選んだことが、いちばんつらくて情けない。ここまで我慢したのは子どもたちのためですが、2人の息子がいちばんの犠牲者であることに変わりはない。それは申し訳ないと思っています」

ＤＶ防止法ができて、ドメスティック・バイオレンスが犯罪だという認識が広まっても、「わたしさえ我慢すればいい」という女性たちの生き方は変わらない。

法律によって何が変わり、何が変わらなかったのか——。

ドメスティック・バイオレンスに関する日本社会の動きをまとめてみたい。

「3人にひとりは被害者」という衝撃

１９７０年代から取り組みのはじまったアメリカに比べ、日本でドメスティック・バイオレンスという言葉が知られるようになったのは90年代になってからである。

１９９２年、研究者、弁護士らで構成される「夫（恋人）からの暴力調査研究会」が、被害者と思われる女性７９６人を対象に行ったアンケート調査を発表。それまで表面化しなかった日本の被害の一端が明るみになる。

「女性に対する暴力の撤廃」が重大テーマになった１９９３年のウィーン世界人権会議や、１９９５年の北京世界女性会議を経て、日本社会もようやく問題意識に目覚めた。

１９９３年の国連総会で「女性に対する暴力の撤廃に関する宣言」が採択されたこともあって、日本政府も重い腰を上げたのだ。

そして1998年、東京都の調査によって「3人にひとりの女性が、夫や恋人から身体的暴力を受けたことがある」という衝撃的な実態が浮かび上がり、これまで無関心だったマスメディアも、この問題を取り上げるようになった。

離婚が年間24万件を突破するなど、ちょうど、結婚に対する人々の意識も変わりはじめたころ。

「我慢せずに逃げよう」「被害者はわたしだけじゃない」と、日本の女性たちも少しずつ声をあげるようになり、全国に点在する民間シェルターや婦人相談所には、着の身着のままで駆け込んでくる女性が急増したのである。

当時の公的な相談窓口としては、地域の福祉事務所や各都道府県に1ヶ所設置することが義務付けられている「婦人相談所」(売春防止法に基づいて設けられたもの。近年は「女性相談センター」「女性相談所」と名前を変えている所が多い)などがあった。

婦人相談所には一時保護施設があり、公的なシェルターとしての役割を持っていたのだが、一般的な認知度は低かった。実際の対応も地域によってちがっていたため、東京、大阪といった大都市を除けば、DV被害者の利用はそれほど多くはなかったのだ。

そこで高まるニーズに応えて、民間でシェルターを開設する女性たちの運動が広がっていったのである。

「AWS（アビューズド・ウイメンズ・シェルター）」（1993年シェルター開設、東京、現在シェルターは閉鎖）、「かけこみ女性センターあいち」（1996年開設、名古屋市）、「FTCシェルター」（1997年開設、東京）、「女のスペース・おん」（1997年開設、札幌市）など、各地にDV被害者の支援を主目的としたシェルターがつくられるようになる。

ベースになったのは、女性たちの草の根の活動である。「AWS」の運営母体は、アルコール・薬物依存、摂食傷害などに悩む人を対象に電話相談などを行う市民運動グループ。設立時の運営委員の大半は、元DV被害者である。

また、「FTCシェルター」は、女性のためのカウンセリング・ルーム「東京フェミニストセラピィセンター」の相談員らが中心となって開設された。

1993年から家庭問題やセクハラ、虐待に悩む女性の相談を受け、必要な支援を行ってきた「女のスペース・おん」は、札幌市をはじめ、行政のドメスティック・バイオレンス対策に積極的な提言を行っていることでも知られる。

アパートや一軒家を利用したこうした民間シェルターは、2014年現在、120ヶ所あまりに増えているという。

その規模はさまざまで、欧米のシェルターのような設備やサービス（ほとんどが無料である）、万全の警備態勢などは「夢のまた夢」。とはいえ、ボランティア・スタッフの熱意と誠意は勝るとも劣らないのではないか。決死の覚悟で逃げてきた傷ついた女性たちにとっては、安心してゆっくりと休むことができるありがたい場所であることはまちがいない。

DV防止法をめぐる動き

一方、警察や司法、行政の対応は遅れていた。

家のなかは、いわば無法地帯。相手がまったくの他人なら、暴行罪や傷害罪、脅迫罪が適応される行為でも、加害者が自分の夫や恋人だという理由だけで、「お咎めなし」がまかり通ってきたのである。

離婚を決意しても、親身になってくれる弁護士をさがしあてるだけで苦労する。調停や裁判の場で、暴力の実態や被害者の心情を正しく理解してくれる司法関係者は少なく、「殺される」と感じるほどのひどい虐待を受けていても、「いいご主人じゃないですか。あなたの被害妄想でしょう」「我慢が足りないのではないですか」などとたしなめられてしまう。傷口に塩を塗るような、社会の無理解。

離婚を成立させるまでには、途方もない時間と気力が必要だが、その間も、夫からの執拗な嫌がらせや脅迫、法廷内外における誹謗中傷が続くのだ。

国の中枢も問題意識に乏しく、ドメスティック・バイオレンスの被害者を保護、支援するための法律の整備は遅れていた。

現行制度の限界を痛感してきた弁護士らは、欧米や韓国のＤＶ法を参考に、保護命令を盛り込んだ法案を提案。２０００年春には、参議院の「共生社会に関する調査会」に、議員立法による新法制定に向けて超党派のプロジェクトチームが結成された。

そして２００１年10月、「配偶者間の暴力は犯罪である」と明言した「配偶者からの暴力の防止及び被害者の保護に関する法律」（通称・ＤＶ防止法）が施行される。

たとえ夫であろうと、相手を殴ったり傷つけたりした者は、犯罪者として処罰されなければならない――そんなあたりまえのことが、ようやく正々堂々と主張できるようになったのだ。

画期的なのは、保護命令が盛り込まれたことであろう。

現行のDV防止法では、6ヶ月間被害者につきまとうことを禁じる「接近禁止命令」、同居している住居から2ヶ月以内に退去することを命じる「退去命令」、電話やメールなどを禁じる命令などが規定されている。これに違反すると、懲役1年以下または100万円以下の罰金が科せられるのだ。

保護命令の効果については「殺人などの被害を防ぐことはできない」という意見もあり、欧米でも評価が分かれている。

保護命令を無視したDV殺人は確かに日本でも起きている。だが、恐怖におびえるDV被害者を保護するものであることはまちがいなく、犯罪の抑止効果もある程度期待できる。


当初は問題点も多々指摘されていたDV防止法だが、3度の改正でかなり改善されたのではないか。

たとえば、法律が適用されるのは、婚姻の届出をしている夫婦、及び事実上の婚姻関係と同様の事情にある「内縁関係」や「事実婚」の夫婦に限られ、同棲しているカップルや離婚した夫婦は含まれていなかった。つまり、恋人や元夫からの暴力は対象外だったのだが、改正を経て、現行法では元配偶者や、生活の本拠をともにする（元）交際相手も含まれるようになっている。

第2次改正によって、身体的暴力だけでなく、生命を脅かすような脅迫を受けた被害者も保護命令を申立てることができるようになったのも進歩だろう。

必要があると認められれば、本人だけでなく、子どもや家族など、被害者の親族にも接近禁止命令が発令されるようになったことも大きい。

今後の改正の検討課題としては、再発防止のために、アメリカに倣って、加害者向けカウンセリング・プログラムの受講を義務づけることなどが考えられる。

変わったこと、変わらないこと

DV防止法施行から15年。「臭いものにはフタをしろ」とばかりに、都合の悪いこと、見たくない現実から目を背けてきた日本社会も、ドメスティック・バイオレンスの存在を認めるようになった。

驚いたのは、この犯罪が幅広い層に向けたエンターテイメントの題材になるほど認知されたことだ。長澤まさみがDV被害者を演じた連続ドラマ『ラスト・フレンズ』（2008

年放映）が若者に支持されて、22・8％（最終回）の高視聴率を記録したり、親友の助けでDV夫を殺害するというストーリーの小説『ナオミとカナコ』（原作・奥田英朗）が、2016年に連続ドラマ化されたり……。

わたしがこの問題を取材しはじめた20年前と比べると、まさに隔世の感がある。「夫の暴力？　そんなの〝犬も喰わない夫婦ゲンカ〟だろ。痴話ゲンカなんだから、ニュースにはならないよ」。新聞や雑誌に企画を持ち込んでも、そんなふうにあしらわれたことが嘘のようである。

被害者支援の要となる全国の「配偶者暴力相談支援センター」（婦人相談所などが、その機能を持つ。2015年現在で全国に261ヶ所）に寄せられた相談は、2014年度には、過去最高の10万2963件に達している。法律施行直後の2002年度には約3万6000件だったことを考えると、相談の数はおよそ3倍に増えたことになる。

が、当然のことながら、ドメスティック・バイオレンスの実数が3倍増えたわけではない（前述のように警察が把握したDV被害の認知件数は4・5倍になっている）。長い間、水面下に隠れていた被害が、少しずつ顕在化しているだけ。助けを求められずにいる被害者は、まだまだたくさんいるにちがいない。

いま、夫からの暴力に苦しんでいる人は、悩みを自分で抱え込まずに、全国の「配偶者暴力相談支援センター」や地域の女性センターに相談してほしい（一覧は内閣府のウェブサイトを参照http://www.gender.go.jp/policy/no_violence/e-vaw/soudankikan/01.html)。もちろん、警察署（担当は生活安全課）や福祉事務所でもかまわない。

特に命の危険を感じている場合は、勇気を出して逃げたほうがいい。

ＤＶ防止法ができたことで警察や公的機関の職員に対する研修も進んでいる。あなたの苦しみを理解し、助けてくれる人が、きっとそこにいるはず。依然として個々の対応には地域や個人によってばらつきがあるが、過去のＤＶ被害者のように、頭ごなしに理不尽な仕打ちをされることはほとんどないと思うからだ。

とはいえ、自立への道が厳しいことも事実だ。「一億総活躍社会」、女性の活躍推進などといっても、子どもを抱えた女性が、別居や離婚のあと、生活に十分な収入を得ることは決してたやすいことではない。

「福祉に助けを求める」ということにためらいを感じる人もいる。思い切って生活保護を受けようにも受給条件が厳しいなど、日本の社会には、ＤＶ被害者の行く手を阻むものが山積みなのである。

その一方で、DVが社会問題化したことを利用して、離婚を有利に進めるために被害を偽装する人もいるらしい。

そういう悪質なケースを引き合いに、すべてのDV被害者が嘘を言っているかのように疑ってかかる人たちもいるが、ほんとうに嘆かわしいことである。

問題を悪用する女性はほんの一握りにすぎない。10万件の被害相談のなかに、〝ニセDV〟と言われる不届き者がいくらか交じっているとしても、残り9万9900件以上は切実に助けを求めている人たちなのだ。どうか、それをきちんと理解してほしいと思う。

統計に表れる被害の数は、たぶん今後も伸びていくだろう。

なぜなら法律ができて認知が高まっても、日本の女性たちの意識が劇的に変わったわけではないからだ。

外見はいまどきのギャルママ風でも、メンタリティは、演歌に出てくるような〝耐えしのぶ昭和妻〟。

ドメスティック・バイオレンスという言葉は知っていても、自分がその被害者だとは考えもしない。階段から突き落とされても、「たいしたことではない」。理由もなく殴られ、罵られても、「わたしに悪いところがあった」。そう自分に言い聞かせて、「いい妻」を演じている。

章の冒頭で紹介した裕美さんのように、対外的には平静を装って暮らす「潜在的な被害者」はまだまだたくさんいるはずだ。

生真面目な人を追い込むDV

1980年代からフェミニストセラピーに携わり、悩める女性たちと向き合ってきた平川和子さんも、ため息まじりに語る。

「妻は、夫のわがままを許してあげなきゃいけない――そんな〝いい妻像〟がなかなか薄まらないんです。どこかで手を抜けばいいのに、それができない。『いい妻とはこうあるべきだ』という、狭い自己像に自分を押し込めてしまっている。何でそこまでやらなきゃいけないのかと思うほど、生真面目な人ばかり。時代は変わったように見えても、女たちを取り巻く状況は、まったく変化していないんですよ」

平川さんたちが運営する民間シェルターに逃げ込んできた伸子さんは、夕食のあと、酔った夫に殴られるのが常だったという。

夫は、酒の肴を次々と妻につくらせては、料理にいちいち文句をつける。そして、それを口実に暴力をふるうのだ。

「今日こそ完璧にやらなければ」

必死になって料理をしても、夫は決して満足しない。

「おまえはダメだ」と繰り返し言われるうちに自信を失い、自分はほかの人とはちがう、ひどくいいかげんな人間なのだと思うようになったという。

「夫に殺される」と感じた出来事をきっかけに、伸子さんは命からがら家を出て、シェルターに入った。

そして、外の世界で働くようになってはじめて、「自分は、決していいかげんじゃなかった」と気づいたのだ。

完璧な人間なんていない。自分はそんなにダメじゃない。

そう自覚することは、大きな救いになる。

だが、そんなあたりまえのことも見えなくなるほど、「いい妻」の呪縛は強力なのだ。

シェルターに逃げた伸子さんも、先の裕美さんも、典型的なドメスティック・バイオレンスの被害者だ。

繰り返される罵詈雑言や脅し、そして身体的な暴力。

「悪いのは自分だ」と思い込まされ、感情や生きる力を奪われてゆく。

「夫に尽くし、黙々と酒の肴をつくり続けるような人は、性暴力とも無関係ではない。『妻は、夫の性交渉の相手をしなければならない』と思い込んで、言われるがままに従ってしまう。『おまえに断る権利はない！』なんて暴言を吐く夫がいますが、そんなことを義務だと思う必要はないんですよ」

そう平川さんは力を込める。

自分の意志で生き方を選び取る

「いい人ほど損をする」とは言うけれど、夫の暴力や暴言に耐える妻には、ほんとうに真面目な人が多い。

何度も裏切られ、心無い言葉を浴びせられても、「わたしががんばれば、なんとかなる」と我慢してしまう。

ニュースでＤＶ事件を知っても、「世のなかには、ひどい夫がいるのね」と、他人事のように受け流す。自分が被害者だとはまったく考えていないからだ。

平川さんは、そんな妻たちを何人もカウンセリングしてきた。

離婚はせず、20年も平川さんのセラピーに通い続けた裁判官の妻もいたという。

「そういう方は、自分が虐待の被害者であることを認めない。子どもたちが摂食障害などの問題行動を起こすようになってはじめて、ようやく自分自身を見つめ直すんです。わたしも若いころは、『この人たちは、なぜすぐに離婚しないんだろう』と思っていました。

でも、いまは、その心情がわかります。離婚をしても、必ずしも幸せになれないことを、女たちはわかっている。失うものが大きいから、根本的な部分では認めたくないんです」

ひどい仕打ちを受けてもなかなか人に相談しないのは、自分ががんばってきた事実や、自分が選んだ結婚相手を否定されたくないから。

つまり、自分自身を否定されたくないのだ。

だが、離婚を選択しないにせよ、「いい妻をやめてもいいんだ」と気づくことは、とても重要だと平川さんは言う。

「『いい妻をやめなさい』といわれても、事はそう単純ではない。やめることもできると理解したうえで、自分の意志で『いい妻を続ける』。そうすることで強くなれるんです。大事なのは、自分が我慢することで家庭が円満に見えていた、という本質的な部分に気づくこと。状況は悪くても、『自分がこの生き方を選択したんだ』と言える強さ、したたかさを持つことで、たとえ半歩でも前進できる。わたしはそれをサポートしたいと思います。ただし、命の危険を感じるような暴力の場合は、すぐに逃げてほしいですね」

裕美さんの場合は、自分を縛っていたものを認めたうえで、「いい妻を続ける」ことを選んだ。

転機となったのは、数年前にメンタルクリニックを受診したことだ。

「次男の健康問題と義母の介護が重なって、疲れがピークに達した。切羽詰まって、離婚も考えました。でもクリニックで、『ここまで耐えたのに全部捨ててもいいんですか？』と言われたんです。『毎日をつらいと思って過ごすより、少しでも楽しいものを見つけて過ごしたほうがいいでしょう？　あなた自身も変わらないとダメですよ』って。それでわたしも考え直した。

義母の介護を投げ出して家を出るほど身勝手にはなれないし、もし実行しても、あとで自分が苦しむだけ。ならば、自分を追い込むばかりではなく、手を抜くところは手を抜いて、少しでも自分の人生を楽しもうって。そう考えることで少しラクになったんです。ただ、夫が定年になったときのことを想像すると、ちょっと恐ろしい……。とりあえず、いまはそれを考えないようにしています」

平川さんのアドバイスも似通っている。

「家庭のなかで力を抜くだけでなく、ご近所とのつき合いや職場の人間関係でも少しずつ力を抜く。そうすることで、生活全体がラクになりますよ」

エステやマッサージに通って、上手に息抜きをすることも効果がある。自分をいたわるのが目的だから、「贅沢をしている」などと罪悪感を持たないことがポイントだ。

そして、すべてをひとりで抱えこまないこと。

「信頼できる友人でも電話相談でもいい。とにかく話してみること。相談された人は正論で諭すのではなく、じっくり話を聞いてあげる。船の碇のように、見えない部分で、しっかりとその人を支えてあげてほしいですね」

知らず知らずのうちに凝り固まってしまった「ものの見方」を変えることも重要だ。

何でも悲観的に考えるなど、人にはそれぞれ考え方のクセがある。

客観的に自分を眺めることで、それに気づけばこっちのもの。日記やブログを書くことも、気づきのきっかけになる。

「思ってもみなかったけれど、そういう見方もあったのか」と認識できれば、袋小路から抜け出る日は近い。

「いい妻の呪縛」を解くことができるのは、あなた自身だけなのだ。

第5章
モラハラという虐待

まるで〝お給仕さん〟

近年、日本で注目を集めている虐待の形に「モラル・ハラスメント（以下略・モラハラ）」がある。モラハラとは、言葉や態度で、繰り返し相手を傷つける精神的な暴力のこと。フランスの精神科医、マリー＝フランス・イルゴイエンヌが名付けたもので、１９９９年に彼女の著書が翻訳されてから、その概念が日本でも徐々に広がりはじめた。

言葉こそ新しいが、その実態は以前から存在するもの。要するに、家庭や職場、学校などで起こる深刻な「いじめ」、心理的な虐待である。非難や中傷、ときには威嚇や脅迫も使って、ジリジリと相手を追い込み、生きる力を奪う。周囲はおろか、被害者自身もそれが〝暴力〟だと気づかない場合がほとんどだという。

夫婦や恋人、親子間でこれが起こった場合、ドメスティック・バイオレンスや子どもの虐待における精神的虐待と同義なのだが、モラハラという新しい言葉を与えられた途端に、人々は新たな関心を持つらしい。また、インターネットを介して情報を共有することでモラハラの被害者同士がつながっていることも、21世紀的な特徴といえるだろう。

「食事中に彼が手を上げたら、いまはおしょうゆ、次はおしぼり、そしてコーヒーと、必要なものをタイミングよく差し出さなければならない。だから、ずっとそばに待機して合図を待つんです。

でも、決して話しかけてはいけない。まるで〝お給仕さん〟ですよ。もし渡すものをまちがえたら、凍るような目で軽蔑されるか、『何度言ったらわかるんだ！』と大声で怒鳴られるか……。それがただ恐ろしくて、いつもビクビクしていたんです」

友香里さんの7年間の結婚生活は、毎日が緊張の連続だった。

夫の顔色を窺うのに必死で、自分の気持ちや感情は、知らず知らずのうちに押し殺していたという。

「自分の心が抑えつけられたままの日々が続くのが辛かった。阪神大震災で住んでいたマンションが全壊するという恐怖も体験しましたが、言ってみれば、あれは一瞬のこと。それよりも、夫との生活を思い出すほうが怖くて苦しい。『こんな生活が死ぬまで続くのか』と考えただけで、ほんとうにつらかったですね」

「わたしが悪い。わたしが努力すれば彼も変わってくれるはずだ」と信じて、友香里さんは理不尽な苦しみにひたすら耐えていたという。

「結婚前に勤めていた職場ではバリバリと仕事をこなしていたし、普段は『イヤなものはイヤ』と、はっきり言えるタイプなんです。なのに、彼にはすがりついてしまう。いくらひどいことをされても我慢してしまうのはなぜだろうと、自分でも不思議ですね」

友香里さんの存在自体を蔑視するような態度も、耐え難かった。

ベッドでは常に背中を向けて寝る。手が触れそうになると、汚いものでも触ったかのように払いのけられた。

「目の前から消えてくれ」と言われ、〝1メートル以内、接近禁止令〟が出たこともある。

それでも、食事や生活の世話は完璧にこなさなければいけない。

必死で尽くしても感謝されることはなく、ほんの少しミスをしただけで、世界一の愚か者のように蔑まれるのだ。

友香里さんが、自分の被害に気づいたきっかけは、3年前に偶然見つけたネットの書き込みだった。

「主人と似たような言動をする人がいる」

そう思って読み進めるうち、それがモラハラに苦しむ妻からの投稿だと知った。

自分と同じ思いをしている人がほかにもいると知ったのは、新鮮な驚きだった。

「自分が虐待を受けていたなんて思いもしなかった。DVという言葉は知っていましたが、殴られているわけじゃないからわたしはちがうと思っていたんです。モラハラについてネットでさらに詳しい情報を知り、『わたしはいままで何をしていたんだろう……』と愕然としました」

これを機に、嘘のように呪縛が解けた。

同じ時期、思い余って電話した「心の相談室」の男性相談員に励まされたことも、背中を押したという。

「『いますぐ逃げなさい』と言われたんです。でも、『えっ逃げていいの？』って。いつも夫のことばかりで、自分の気持ちを考えていなかった。もっと自分を大切にしなきゃいけないんだと、目が覚めました」

その後、些細なことで夫と言い争いになり顔を蹴られ、鼻骨陥没骨折という重症を負う。これが決定打となって、ふたりの子どもを連れて別居を敢行。1年余で離婚が成立した。

いまでは再婚もして、平和で幸せな日々を送っている。

「いまのダンナとは普通の会話ができる。それに、感謝されるのがうれしい」と、のろけるのだ。

DVではなくモラハラ？

モラハラの加害者が相手を支配するプロセスは似通っている。

最初は、ちょっとした言葉や態度で、相手の行動をそれとなく非難する。

「どうして夫はわたしの努力を認めてくれないのだろう」と妻は悩む。

どこがどんなふうに気に入らなかったのか教えてほしいのに、「そんなこともわからないのか……」と苛立ち気味にため息をつくだけ。困惑した妻は、これ以上夫を怒らせまいと必死になるが、夫は相変わらず口もきいてくれない。

自分が何かひどいことをしたにちがいないと思うと、妻はいたたまれず、夫の冷たい視線が胸に突き刺さる。

加害者はあからさまな侮蔑の態度は見せても、きちんとした議論は避ける。そうすることで反論を封じ、相手を混乱させるのだ。

不機嫌の理由がわからない被害者は、罪悪感から次第に無力化し、相手に支配されてゆく——。

どうだろう。ここまで紹介してきたドメスティック・バイオレンスのケースと酷似していないだろうか。

繰り返しになるが、夫婦や恋人間のモラハラは、紛うことなきドメスティック・バイオレンスなのだ。

しかも、モラハラの被害者だという人にじっくり話を聞いてみると、夫から精神的虐待だけでなく、身体的な暴力も受けていることが少なくない。

「ドメスティック・バイオレンスって知っていますか？　あなたの場合、典型的なDV被害者だと思うんですが……」

そう切り出すと、怪訝そうな顔をして、こう言い返される。

「DVのことは知っています。でも、わたしの場合はDVじゃない。モラハラです」

「どうして？」

「だって、そんなにひどい暴力は受けていないから」

実際には、重傷を負うほど殴られていても、である。

身体的な暴力があろうがなかろうが、彼女たちが陥っている心理状態は、ＤＶ被害者そのものである。

ドメスティック・バイオレンスというと、どうしても殴る、蹴るといった暴行ばかりがクローズアップされるが、身体的な暴力よりも心理的な虐待のほうが深刻な傷を残すことは、本書でも何度も指摘しているとおりだ。

自分が受けたモラハラは認めても、彼女たちはなぜ、自身がドメスティック・バイオレンスの被害者だと考えたくないのだろう。ドメスティック・バイオレンスに対して何か誤解があるのか。あるいは、「バイオレンス」という言葉に抵抗があるのか……。

この問題の啓発に関わってきた者としては、少々複雑な気分である。

有名芸能人の「モラハラ離婚」も

ネット上の無料法律相談を通じて、モラハラの被害者と接してきた荘司雅彦弁護士は、

「まず、自身の被害に気づいてもらうことが大切」だと話す。

「精神的虐待がドメスティック・バイオレンスの一部だという認識は、一般にはあまり浸透していない。モラル・ハラスメントという言葉が広がることで、自分が虐待の被害者だと気づく人が増えればいいのですが……。DV防止法もあるので、ドメスティック・バイオレンスなら、法曹関係者も知っていますからね。それに言葉の持つ力もある。自分の置かれている状況がモラハラだとわかることで、救われる人もいるのではないでしょうか」

最近では、タレントの三船美佳さんと高橋ジョージさんの離婚が「モラハラ離婚」と呼ばれ、大きな注目を集めた。三船さんが別れを決めた背景に、高橋さんによるモラル・ハラスメントがあったというのだ。

世間ではおしどり夫妻というイメージが強かったが、三船さんは「連日、人格を否定するような言葉を浴びせられていた」とも伝えられている。また離婚裁判では、三船さん側が資料としてモラハラに関する書籍2冊を提出したという。

こうしたニュースがワイドショーなどで盛んに取り上げられたため、「この一件でモラハラという問題を知った」という人も多いらしい。

2013年12月、三船さんが娘を連れて家を出る形でふたりは別居。離婚調停の決裂を受けて、2015年1月に三船さんが離婚の成立と娘の親権を求めて提訴したが、2016年3月末に協議離婚が成立し、訴えを取り下げた。

ただし、高橋さん側はモラハラについて「一切無かったと断言する」と否定していて、三船さんも離婚を決意した理由を自分の口では語っていない。

夫婦の間で実際に何が起こっていたのかは明らかにされていないが、東京で生まれ育った三船さんが、別居の際、大阪に引越したことを考えると、「夫と離れたい」「新しい生活をはじめたい」という強い気持ちがあったことは推察できる。娘の転校や仕事環境の変化など、相当のリスクを背負ってでも遠くに行きたかったのだろう。

三船さん側の弁護士は、離婚成立時の記者会見で、「離婚裁判の争点はモラハラであり、三船さんが離婚を決意した理由もモラハラだった」と言明している。

この裁判では、モラハラに関して立証されたわけではないものの、モラハラがなかったと確定したわけでもないという。いずれにせよ、三船さんのケースが引き金となり、今後はモラハラを離婚理由にあげる人が増えることも予想される。

きっかけは何であれ、「自分は精神的虐待を受けている」と気づく人がひとりでも増えることは歓迎すべきこと。くどいようだが、度重なるパートナーからの暴言や嫌がらせはDV防止法の対象となる。堂々と助けを求めてほしい。

嫁いびりもりっぱなモラハラ

ここまでドメスティック・バイオレンスとモラハラの関連について考えてきたが、モラハラが起こるのは夫婦間に限らない。

職場での権力の濫用と結びつくと「パワー・ハラスメント」、性的な嫌がらせが含まれると「セクシャル・ハラスメント」となる。

さらに大学内の「アカデミック・ハラスメント」、学校内の「いじめ」、姑による「嫁いびり」、PTAや地域活動における「いじめ」など、モラハラの例をあげればキリがない。

夫婦間のモラハラでは、夫が被害者になるケースも少なくない。

「学校には、教師同士や、教師から子どもへのいじめもある。職場のモラハラも深刻で、仕事ができる部下を妬んだ上司が、ありもしないことを言いふらしたり、部下の人格を否定したり……。また、同僚や部下から攻撃されるケースもあります」

企業の産業医やメンタルクリニックでの診療を通じ、主婦や会社員など、多くの患者を診てきた精神科医、内田千代子さんは、モラハラの深刻さを語る。

「『具合が悪くなった』『精神的に落ち込んでいる』という理由で受診した患者さんが、実は職場や家庭で精神的虐待を受けていた、というケースがあとを絶ちません。嫁姑問題もモラハラですし、聞くも涙、語るも涙……という悲惨な例ばかりですよ」

欧米での経験も長い内田さんは、日本人の我慢強さを指摘する。

「『欧米人ならぜったいに我慢していないだろうな』と思う例が多いんです。人が人を不当に傷つけてはならないし、それに対してはきちんと抗議すべき。夫婦間の深刻な虐待では、離れるのが最善の方法でしょう。

人間の尊厳を傷つける虐待に、日本人はもっとセンシティブになってほしい。『自分が悪い』と、自らを納得させることで問題を解決しようとする考え方が、治療の対象となることもあるんですよ。そういう意味では、状況に気づくことが、『さあ立ち上がりなさい』と、自分の背中を押す力になるのではないでしょうか」

モラハラのサイトにアクセスが殺到

被害を自覚するにあたって、大きな助けとなっているのがインターネットである。

モラハラの場合、２００３年から開設されているウェブサイト「モラル・ハラスメント被害者同盟」の影響力が大きいようだ。

「モラル・ハラスメントというものを知ってほしいという、軽い気持ちではじめました。当初は、たいした志はなかったんです。でも、サイトを立ち上げたら、すごい数のアクセスがあって驚きました。わたしの場合は離婚もスムーズにいったし、いろんな面で恵まれていた。だからこそ被害に苦しんでいる方々の役に立たなきゃと、いまは考えています」

運営者である早智子さんは、そう語る。

ひと昔前なら、「それくらい我慢すれば？」などと言われ、孤立していた被害者も、ネットを通じ励まし合うことができる。ブログに自身の体験を綴る被害者も少なくない。掲示板を通じた感情の吐露は、「バーチャル自助グループ」としての役割も果たしているのだろう。

早智子さん自身の場合も、気づきはネット上の情報だった。

結婚して17年。原因のわからない夫の不機嫌に振り回され、いつも緊張を強いられていた。

突然口をきかなくなり、「おまえ、何とも思わないのか！」と怒鳴られる。何が気に障ったのか、とっさにはわからず、早智子さんはうろたえるばかり。それは数日前の水道の栓の締め方であったり、新聞の置き方であったり……。怒られるたびに罪悪感にさいなまれ、生きた心地がしない。

何があってもとことん無視されることもつらかった。

同じ部屋に居ながら会話もなく、別々に食事をするという異常な状態が、何日も、何ヶ月も続くのだ。


モラハラという言葉を知ったのは、そんな〝家庭内別居〟が1年ほど続いたときである。

「夫は普通の人じゃないんだ。ならば離婚しよう」と決意したという。

ほどなくして、風呂の湯を捨てたという些細なことで夫が激昂し、激しく暴れた。本棚が壊れ、小学生だった次男は恐怖でぶるぶる震えていたという。

限界を悟った早智子さんは、騒ぎのあと、離婚の手続きを進めたのだ。

「『なぜ、そんなに我慢したの？』とよくきかれますが、結婚しているとき、周囲からは、『もう少し賢くなりなさい。夫を手のひらのうえで転がせばいいのよ』なんてアドバイスをされていたんです。それで『夫操縦法』といった本を読んでみたり（笑）。でも、考えてみれば、理不尽な仕打ちに耐えてしまったのは、わたし自身が実母のいじめにあっていたからかもしれませんね」

早智子さん自身だけでなく、元夫も問題のある家庭に育っていた。聞けば、先に紹介した友香里さんの元夫も、つらい子ども時代をすごしていたという。被害者の心の傷が次世代の悲劇を生むという虐待の連鎖は、やはりモラハラにもあてはまるらしい。

消えない心の傷

晶子さんも、ネットで情報を得た被害者のひとりである。
モラハラの実態を知るまでは、「人の心を操って征服する。そういう男の人が（夫の）ほかにもいるなんて思わなかった」と話す。

にこやかでおしゃれな夫は周囲には評判がよかった。田園調布の家に住み、外出するときはいつも一緒。

だが、人もうらやむ生活の実態は惨憺たるものだった。


夫が社長を務める会社は、常に借金の返済に追われていた。

その原因は常軌を逸した夫の浪費。息子の大学進学費用をどう捻出しようかと悩んでいるときに、会社の運転資金でポルシェを買ってきたり、必要のない別荘を建てたり。

そのツケはすべて妻であり、実質的に会社を支えていた晶子さんに降りかかる。プレゼントと称して妻に買って来る毛皮や指輪も、支払いをするのは、結局、晶子さんなのだ。

だが、少しでも文句を言おうものなら、口の達者な夫の執拗な反撃がはじまる。部屋に閉じ込められ、朝まで説教が続くのである。


「そのうちわたしは疲れ果てて、彼に同意してしまう。すると夫はご機嫌になって、『よし、じゃあ解散！』と。昔はご近所が飛んでくるほどの大ゲンカをしましたが、もうどうでもよくなってしまった。こんな生活が30年も続いたんです」

また、夫は常に晶子さんを監視し、自由に出歩くことを許さない。手紙は当然のように開封。日常の買い物に必要な現金さえ渡さなかった。

「クレジットカードは使えても、現金は一切もらえない。ただしセックスをすると3万円くれるんです。離婚を決意したときは、そのお金をためて脱出資金にしました」

経済的虐待に性的虐待。そしてマインドコントロール。典型的なドメスティック・バイオレンスの構図である。

たび重なる屈辱にも晶子さんはひたすら耐えた。

結婚生活がそれほど苦しいのなら、離婚すればいいのではないか――そう思う人も多いにちがいない。

DV被害者が必ずといっていいほど口にする決まり文句を思い出してほしい。

「わたしが悪いから彼を怒らせてしまう。全部わたしのせいなんです。それにあの人はわたしがいなきゃダメ……だから別れません」

晶子さんも、そんな心理状態に陥っていたのだ。

見せしめのために殴る、「逆らったら、殺すぞ！」とナイフを突きつける。そんな身体的暴力が伴えば〝洗脳〟はより強化される。

だが、これまでの例でもわかるように、荒々しい暴力を使わなくても、相手を操り、支配することはできる。身体的な暴力は、相手をコントロールするためのツールのひとつにすぎないからだ。

しかも、自尊心を粉々に砕く精神的虐待のダメージは、外からは最も見えにくい。身体に痣《あざ》は残らなくとも、被害者の心は深く傷ついている。

精神的虐待の恐ろしさに、社会はもう少し敏感になるべきだろう。

生きる気力を奪われていた晶子さんも、息子の結婚を機に、ついに離婚を決意するが、離婚の手続きを頼んだ初老の弁護士はこの問題に対する理解が乏しかった。

「女もいないしギャンブルもしない……いったい何が不満なの？　まぁ日本の男は愛情表現が下手だからねぇ」などと見当はずれなことも言われたという。

当初、離婚を渋っていた夫も、2年後には承諾してくれた。

「そのころわたしは、膠原病を患っていたんです。『おまえの病気はどうなるんだ』と真剣にたずねるので、こんな夫でも心配してくれるのだと、単純に喜んだんですよ。でも、実は、わたしに多額の生命保険をかけていたんです。死ぬような病気ではないとわかり、夫は保険を解約し、離婚にも応じた。それを知ったときはショックでしたね」


身ひとつで家を出て、清掃関係の仕事などで食いつないだ。

なのに元夫は、「別れた妻に田園調布の家を取られ、高額な慰謝料も払った」という嘘を言いふらしていたという。


離婚して4年余り。

業績低迷で元夫の会社は倒産したが、晶子さんが息子と興した事業は順調だ。

そこで、その成功を妬んだ元夫からの嫌がらせが、現在も続く。

「『俺がこうなったのはおまえのせいだ！』って言われたことが気になって……」

いまでも悪夢にうなされるのだと、晶子さんは肩を落とす。

あなたのせいじゃありません。

そうやって罪をなすりつけるのが、彼らのやり方ですから。だから、どうかこれ以上、自分を責めないでください――。

彼女にかけた言葉を、人知れず苦しむすべての被害者にも伝えたい。

第6章
暴力の鎖を断ち切るために

加害者プログラムの草分け「エマージ」のカリキュラム

ＤＶ防止法ができたことで、日本でもＤＶ被害者を救うための対策はかなり進んだ。だが、危険にさらされた被害者を保護し、その自立を助けるだけでは、この問題は解決しない。

加害者が自身の暴力を悔い改めなければ、新たな被害者が生まれるだけ。そして暴力の連鎖をとめなければ、何世代にも渡って悲劇が繰り返されるだけなのだ。

そこでアメリカでは各州に更生のためのカウンセリング機関を設け、ドメスティック・バイオレンスで逮捕された加害者に、刑罰の代わりに更生プログラムやカウンセリングを強制受講させる仕組みを整えている（詳細は州によって異なる）。

また、将来の犯罪を予防するため、傷ついた子どもたちのカウンセリングや予防教育に力を注いでいるのだ。

日本でも「罪の意識が薄い加害男性には、強制的なカウンセリングが必要」との声はあり、ＤＶ防止法にも「国及び地方公共団体は、加害者の更生のための指導の方法、被害者の心身の健康を回復させるための方法等に関する調査研究の推進に努めるものとする」という趣旨の文言が入っている。だが現状では、制度化のメドは立っていない。

今後の日本の参考とするためにも、歴史あるアメリカの加害者更生プログラムについて、本章で詳しく紹介しよう。

アメリカで実施されている更生プログラム（バタラー・プログラムと呼ばれる）は、心の問題を治療するのではなく、自身の犯した罪を認め、行動、態度を改める努力を促すためのものである。さまざまなアプローチがあるが、衝動的な怒りを抑え、相手の立場に立って物事を捉える訓練などが主となっている。

手元に1冊のファイルがある。

「Program Manual First Stage Groups for Men Who Batter」

ＤＶ加害者のためのグループ・カウンセリングのマニュアル。先にも紹介したボストンの「エマージ」発行のものである。

「エマージ」の設立は1977年。アメリカで最も古いバタラー・プログラムのひとつで、レズビアンの加害者に特化したクラスも設けられているという。

年間運営費の3分の2は受講料から、残りの3分の1は、個人や団体の寄付や、講演会の収入などで賄われている。

プログラムでは、第1段階を8回、第2段階を40回と位置づけ、1回2時間、計96時間の受講を義務づけている。週1回の参加だが、効果が見られない場合は、2年あまり続く場合もある。

セッションに参加するためには、最低限のルールを守らなければならない。

遅刻はしない。受講料をきちんと払う。参加の前後24時間は、アルコールを飲まない、ドラッグも使用しない。セッションでは怒鳴ったり、暴力的にならない。家で家族に暴力的な態度を取らない、など。これらのルールを破ると落第となる。

受講者の70%は裁判所からの命令でやって来るが、この段階では、ほとんどの受講者に罪の意識はない。相手を責めることしか頭にないDV加害者にとって、自分の非を認めることは耐えがたい苦痛である。

そこで受講者の4分の1が早々にドロップアウト。「こんな所に来るぐらいなら、刑務所のほうがマシだ」と捨てゼリフを残し、立ち去っていくという。

「急場しのぎ」が事態を悪化させると知る

授業は、マニュアルに従って進んでいく。

セッション1回目の最初のあいさつは、こんな具合にはじまる。

「エマージへようこそ。このプログラムは、恋愛関係、夫婦関係において暴力的になってしまう男性のためのものです。あなた自身の虐待行為に焦点をあてるのであって、パートナーに対するあなたの苦情や、恋愛関係における問題点を考えるものではありません」

第1段階では、「暴力とは何か」「心理的、性的、経済的虐待とはどういう行為をさすのか」といった基本的な認識を植え付けることからはじまる。

「言葉の暴力や経済的な制裁も虐待だ」と教えると、受講者は一様に驚くという。

さらに、「相手を攻撃する否定的な考え方と肯定的な考え方のちがい」についても学ぶ。

「なぜ、オレがこんなプログラムに、自腹を切って参加しなければならないんだ」「妻が大袈裟すぎるからだ」「妻はオレより他人のほうが大切なんだ」というのは、否定的な発想である。

こうした考え方を排除したうえで、物事を肯定的に捉える訓練をする。

たとえば、ファーストフード店の長い列の後ろで待っているときも、「何をトロトロしてるんだ！　さっさとやれよ」という否定的、攻撃的な発想ではなく、「店員も精一杯働いているはず。きっと人手が足りないのだから、待とう」と、事態を肯定的に捉える努力をするのだ。

妻が自分に向かって大声で非難したときも、「アイツは何もわかっていない。亭主に向かってどなるなんて、とんでもないヤツだ！」と否定的に捉えるのではなく、「感情を吐き出せば、彼女も楽になるだろう」「何に彼女が腹を立てているのかを知ることも大切だ」と前向きに考えるのである。

また、「急場しのぎの埋め合わせと、長期的な視野に立った解決策のちがい」も重要な学習項目だ。

「急場しのぎ」とは、謝罪、一時的な反省、プレゼントといった「ハネムーン期」の行動とつながる。

「セックスで忘れさせようとする」「相手が自分を責めるように仕向ける」「暴力の事実を

否定する」「経済的、時間的に相手をしばり、考える余裕を与えない」といった行為で事態を一時的に収拾し、夫婦間の問題を解決したと思い込むのである。

DV加害者はこうした「急場しのぎの解決法」を好む。それが虐待をエスカレートさせ、結果的に事態を悪化させる要因になっているのだ。

そこで「急場しのぎ」が女性に与える悪影響を確認させ、「相手の立場を尊重する」「相手を批判、非難することをやめる」「相手が自分の意志で行動できるよう、時間と心の余裕をあたえる」「自分が被害者だという考えを捨てる」といった長期的な視野に立った改善策を選択するように指導する。

さらに、「虐待と相互尊敬に基づくコミュニケーションのちがい」「ドメスティック・バイオレンスが子どもに与える影響」について学習して、第1段階は終わる。

実際のカウンセリングでは、いったいどんなことが行われているのか。「エマージ」のグループ・カウンセリングのセッションを見学してみた。

「あぁ、オレはアイツを殴ったよ」

受付のあたりに立っていると、受講者たちが続々と入ってきた。人種や年齢はさまざま。ごく普通の善良そうな人々に見える。

最初は受講料の納入から。

金額は1回につき、最低20ドルから最高60ドルまで。本人の収入によって額が決められる。平均すれば約30ドルと、良心的といえる料金だ。

それでも払えない人や、小切手を忘れてくる人がおり、厳しく注意されていた。遅れてきた人もいたが、追い返されていたようだ。

「この人たちが女性を殴って逮捕されたんだ」という先入観で見ると、自ずと緊張してくる。やや不安気なわたしの表情に気づいた担当カウンセラーが、「このクラスのレベルは第2段階。皆、第1段階を修了しているから、かなり落ち着いた状態です。心配いりませんよ」と、こっそり耳打ちしてくれた。

出席の確認が終わると、みんなでぞろぞろと小部屋に入っていく。

男女ひとりずつ2人のカウンセラーを中心に、車座になって着席。わたしは目立たぬよう、部屋の隅に席を取った。

黒板には、キーワードのような言葉が並んでいる。「人の話を聞く」「批判をしない」「話題を変えない」「相手を尊敬する」「人の話を中断しない」「おだやかな調子で話す」「アイコンタクトをする」「相手の反論を受けとめる」等々。すべて、受講者たちが心がけなければならないことである。

クラスの定員は10人だが、この日の出席者は、白人2人、黒人2人、ヒスパニック系が3人の7人。大学生から40歳代まで、年代にもばらつきがある。

参加者はまず順番に、先週、家族や恋人と自分の間に起こったこと、自分の感じたことを発表する。

どこへ行った、誰とどんな話をした、と細部にわたりじっくり話すので、最初の一時間はそれだけで終わってしまう。

30代の白人男性は、「妻とけんかしたが、彼女の怒った理由もわかる。物事を否定的に考えてはいけないと、このクラスで学びましたからね。自己弁護する前に、相手とコミュニケーションをとるよう心がけています。意思疎通がうまくいかなかったときも、その責任はとらなきゃいけないしね」などと、優等生的な発言をする。

30代の黒人の男性は、「先日テレビで興味深い番組をやっていた。40年間、1度も議論をしなかった夫婦というのを特集してたんですよ。それを見て、すごいな、見習いたいなと思いました」と感想を述べる。

また、最年少の白人大学生は、「彼女にお金も借りたまま」だというのに、特に必要のない引越しを予定している。「お金はないが（有料の）ケーブルテレビは見たい。我慢ができない」と、かなりの金額をテレビの受信料に浪費。それでいて、「お金に困っているから、彼女への借金は返せない」という。

この自分本位の発想に、問題点がちらりとのぞいているようだ。

こうして発言がひと回りすると、カウンセラーがあらかじめチェックしていた各々の問題行動を指摘し、フィードバックをする。

それに沿って、参加者同士がお互いに意見をぶつけ、カウンセラーがその議論の舵取りをするのだ。

「どうして、その問題で言い争いになったんですか」（カウンセラーA）
「アイツがあんなつまらないことで腹を立てるからいけないんですよ」（ヒスパニック系30代の男性）
「〝つまらないこと〟かどうかは、彼女の立場にならないとわからない。あなたが勝手につまらないと決めているだけでしょう。それがコントロールなんです」（カウンセラーA）
「あなたは彼女がどう変わるべきかはよくわかっているけれど、自分が変わらなければならないことを理解していないようですね」（カウンセラーB）
「ちがうんだ。そんなことじゃなくて……」（ヒスパニック系30代の男性）
「わかっていないね。いままでのセッションから、あなたは何も学んでないじゃないか。僕らは自分自身に問題があるからここに参加しているんだ。それに、自分のどこが悪いのかがわかっていれば、ここに来る必要はなかったはずだ」（隣のヒスパニック系20代の男性）
「（興奮して）わかってるよ！　あぁ、オレはアイツを殴ったよ！」（ヒスパニック系30代の男性）
「殴っただけではありません。あなたの態度すべてが問題だったのです」（カウンセラーA）
「このプログラムは、あなたを通じてあなたのパートナーを変えるためのものではなく、あなたの態度を変えるためのものなんですよ」（カウンセラーB）

次に、別の男性は妻と妻の両親の関係を話しはじめた。

両親の前ではその男性もおとなしくしているため、彼の暴力を信じられない両親は、「おまえが大袈裟なんじゃないの？」と、娘（妻）を責めているというのだ。

「奥さんのご両親は、あなたの過去の（暴力的）行いを知っているのですね」（カウンセラーA）

「ええ、知っているはずです」（白人40代の男性）

「それでも、奥さんのご両親とあなたの関係は良好なのですね」（カウンセラーB）

「そうです」（白人男性）

「玄関の前では奥さんを激しく罵っていても、ご両親の家に一歩入ると、わざとおとなしくしているとおっしゃいましたね。つまり、こういうことなのです。奥さんのご両親の前で自分を偽ることによって、あなたは状況を操作しようとしている。奥さんをご両親から引き離そうと仕向けているのです」（カウンセラーA）

このようなやりとりによって、相手をコントロールしてはいけないこと、相手の立場に立って物事を考えること、何事もすべて自分の思いどおりにはならないことを学んでいくのである。

終わりのない葛藤

ドメスティック・バイオレンスの予防は、加害者の再教育なくして考えられない。とはいえ、カウンセリングを受ければ、誰もが更生するわけではないことも、歴然とした事実なのである。

果たして加害者は改心するのか。前にも紹介した「エマージ」のカウンセラー、ターナー氏は、その質問に少しとまどいながらこう答えた。

「コースを完了した者のうち、2、3割の人は、相手と妥協することを学び、少なくとも身体的な暴力はやめる。パートナーとの関係もずいぶん良くなるでしょう。でも、残念ながらそれ以外の人には〝虐待の種〟が残りますね。男性というジェンダーは、他者を支配したいという欲求を心のなかに持っている。これは終わりのない葛藤なのです。

大切なのは社会全体で教育を進め、幼いころから愛とは何か、正しい男女関係とは何かを教えること。そこからはじめなければ、問題は解決しないのです」

一時的にその場を収めるのではなく、長期的な視野で問題の真の解決をはかることや、言葉の暴力、心理的な虐待をまったくやめることは、ほとんどのＤＶ加害者にとって不可能に近い。たとえ頭ではわかっていても、パートナーの前で実際に行動に移せるかどうかは別問題なのだ。

完全に悔い改める人は全体のわずか２％という説もある。

「懲役のほうが有効」という意見も聞かれるが、悲観的になっているだけでは物事は前に進まない。わずかでも改心する可能性があるのなら、その可能性に希望の光を見出そうとするのが、このプログラムの考え方なのである。

ドメスティック・バイオレンスのカップルについて科学的な研究を続けてきたアメリカの心理学者、ジェイコブソン氏とゴットマン氏は、共著『夫が妻に暴力をふるうとき』（邦題）で、加害者を冷血な「コブラ」タイプと気が小さい「闘犬」タイプに分けて論じている。

なかなか興味深いので、内容をかいつまんで紹介しよう。

悲惨な環境に育ち、反社会的で自分以外の人に対する思いやりの情に欠けた「コブラ」は、衝動的、快楽的に暴力に走る。

〝獲物〟に集中するため、殴っている最中に心拍数が下がるのはこのタイプで、こういう男性には、どんな更生プログラムも意味を持たないと両氏は言う。

一方、感情の起伏が激しい「闘犬」は、パートナーの女性に精神的に依存している。彼女に捨てられることを何よりも恐れているので、危険なストーカーになりやすいが、心の底では自分の暴力性をなんとかしたいと思っている。「闘犬」なら更生も可能かもしれないというわけだ。

30年以上の歴史があるアメリカの更生プログラムも、いまだ実験段階といえるかもしれない。実効力のある方法論は確立されておらず、現状では「コブラ」にも「闘犬」にも、ほぼ同様のプログラムが試みられている。

自分の非を絶対に認めず、相手を殴る際、興奮するどころか心拍数が下がるような冷酷な「コブラ」タイプには、多少のカウンセリングを施しても「糠に釘」といえるだろう。

もっと研究が進めば、罪の意識が皆無の「コブラ」には懲役を、反省の色が見える「闘犬」には心理療法を、といったアプローチも登場するかもしれない。

より効果的なプログラムが開発される日を待ちたい。

日本の「脱DVカウンセリング」の草分け

では日本の現状はどうか。

繰り返しになるが、日本にはアメリカのような系統立った更生プログラムは整備されておらず、カウンセリングを強制受講させるシステムも整っていない。

男性向けの取り組みははじまったばかりであり、受け皿となる心理の専門家や相談機関も限られている。道のりはまだまだ遠いといえそうだ。

ただし、地道な取り組みを続けている人たちはいる。

この分野の草分けといえるのは、1997年から加害男性向けの専門カウンセリングをはじめた臨床家の草柳和之氏（メンタルサービスセンター代表）だろう。

「ドメスティック・バイオレンスは男性問題。男性自身が問題に立ち向かわなければ、根絶しない」との認識で、男性の暴力克服の支援と、社会に向けた啓発活動を行っている。

問題意識は以前から持っていたが、直接のきっかけとなったのは、「妻を殴ってしまうことで悩んでいる」という中年男性からの問い合わせの電話。

「自分の暴力をなんとかしたい」と思っている男性が目の前にひとりいれば、同じ想いの人は水面下にたくさんいるはずだと考えたという。

「妻からカウンセリングを受けることを復縁の条件として出されて、しぶしぶ来所するケースが多い。また、子どもが心身の不調を訴えたことがきっかけとなる場合もあります。いずれにしても、自分の行為が犯罪だという認識はないから、作業はたいへん難しい。新たな〝生き直し〟の過程で、男性たちもかなり混乱するのです」

暴力克服には、暴力を生み出してきた自分の問題に向き合って暴力をやめるだけでなく、被害者に与えてきた苦痛に対し、責任を取ることが求められている。

とりわけ難しいのが、心のなかに潜む「底なしの恐怖」を乗り越えることだという。

「加害者には自己評価の低い人が多い。こうした内面の空虚感を埋めるため、暴力で妻を支配し、幻の〝男らしさ〟を手に入れようとする……だから、自分が加害者であることを認めてしまうと、いままでの人生が無価値になってしまう。それを恐れるあまり、暴力をふるったことを否定し、正当化しようとするのです」

妻や子どもに責任を追及される恐怖。自分の人生が崩壊する恐怖。己の内面に向き合う恐怖……さまざまな恐怖への防衛として、怒りや暴力が起こる。

治療では、催眠療法など心理療法を使ってその恐怖にアプローチし、怒りをコントロールする術を身につけるという。

現在は、個人向けの専門相談に加え、加害男性のための「自助グループ」と「DV克服ワークショップ（集団心理療法）」の3つのプログラムを行っている。

当初は「非道なことを行った加害者に手を差し伸べるのか」といった反発の声も聞かれたが、男性臨床家としての使命感も手伝って、活動を続けてきた。

遠方からの問い合わせもあり、自分の暴力に悩んでいる男性が少なくないことも窺えるが、「治療に欠かせないのは本人のモチベーション。変わりたいという気持ちがあるかどうかを見極める必要がある」と、草柳氏は言う。

暴力を断ち切ろうとする意志のない人には、アメリカのように法的拘束力を使うしか道はないのだ。

「『妻に暴力をふるってもかまわない』『暴力にあたることなど何もしていない』と考えるような男性には、脱DVの取り組みは極めて困難でしょう。しかし、『暴力はいけないことだが、やめられない』と悩んでいる層には、自発的な取り組みが容易だし、暴力はいけないことだとわかっていながら、『自分の暴力はたいしたことではない』『暴力になるのは妻のせいだ』と考えている層にも、可能性は残されている」

アメリカのプログラムも参考にしながら、日本男性に最適な治療方法を模索中。実践と研究の積み重ねで、その方法論も次第に確立してきたという。

「暴力をふるうことで得るものは何もない。自らの問題に直面する勇気を持ち、暴力を克服して、誇りを取り戻そう」と、草柳氏は男性に対し、呼びかけている。

男性運動から生まれた「メンズ・リソース・センター」

DV加害者の行動が、文化的、社会的に規定された「男らしさ」に根差していることは前にも指摘した。社会的に「支配する性」であるために、彼らの暴力は、自己のなかで正当化されているのだ。

しかし、加害男性が「パワー」で相手を「コントロール」する、強く横暴な存在だと言い切ることに、疑問を感じる人もいる。実際のところ、彼らの心中には、もっと複雑なものが絡み合っているというのだ。

たとえば「恐怖」。

自らまいた種とはいえ、妻や子どもが自分を避け、姿を見ただけでおびえているのを目の当たりにすることは、決して気持ちの良いことではない。

草柳氏も指摘していたように、その姿を見て、「妻の心が自分から離れていくのでは」と心の底では「恐怖」を感じるものの、彼らは事態を好転させる術を知らない。苛立ちの末、その「恐怖」や「不安感」が暴力となって爆発。悪循環に陥るのだという。

また、彼らは「男らしくふるまわなければならない」という強迫観念にも縛られている。映画や小説のなかのヒーローは強く、たくましく、野生的である。幼いころから刷り込まれた「男らしさ」の呪縛が、妻を暴力でコントロールするという〝男らしい（と本人が思い込んでいる）行為〟に向かわせる一因となるのだ。

暴力の結果、家庭は壊れ、夫、父親としての自分の存在は家族のなかで孤立してしまう。その苦しみにも、表面上は「男らしく、タフに」耐えなければならない。

とはいえ、孤独感や絶望感からは逃げられず、酒やドラッグにおぼれ、うつ病になったり、自殺に走ったりするのである。

心の奥深いところでは、加害者も傷つき、悩んでいる。

そんな「強くあらねばと粗暴にふるまう、男の弱さ」に着目して暴力を回避しようとする動きが、アメリカの男性運動の流れのなかから生まれている。

「加害者向けの更生プログラムにも、主宰する団体によってさまざまな種類がありますが、わたしたちが開発した『暴力克服プログラム（Men Overcoming Violence：通称ＭＯＶＥ）』は、『男は強くあらねば』という社会的呪縛から自由になることに重点を置きます。ドメスティック・バイオレンスの背景にある男性優位の思想は、女性を苦しめるだけではなく、男性自身をも痛めつけている――女性の抑圧と、男性の苦悩は、コインの裏表のようなものだというのが、わたしたちの思想だからです」

「男性と暴力」の問題に長年取り組んできたスティーブン・ボトキン氏は語る。

ボトキン氏が１９８２年に立ち上げた男性問題を専門に扱うＮＰＯ「メンズ・リソース・

センター」（マサチューセッツ州・アムハースト）では、男性の多様な問題に対応するプログラムを用意し、ドメスティック・バイオレンスの予防に取り組んできた。

認可を受けた加害者向け更生プログラム（バタラー・プログラム）だけでなく、自主的に変わりたいと願う男性の悩みを受けとめる〝場〟を提供。

男性特有の問題を語り合う自助グループだけでなく、ゲイやバイセクシャルの男性や、子どものときに虐待を受けた男性のための自助グループも定期的に開催してきた。

男性の感情面に配慮したアプローチは、当時、アメリカでもかなり新しいものだったという。

2003年に来日したボトキン氏に、アメリカの加害者向け対策の現状と日本の課題について聞いた（注・その後、ボトキン氏は別の団体を設立し、同様の活動をしている）。

怒りを抑えることを学んでも、暴力はやまない

男性問題に取り組むようになった原点は、子どものとき、いじめられた経験があったからです。それに、周囲の子どもたちを見ていても、全員が対等に扱われていると

は思えなかった。60年代のアメリカには、人権運動など、さまざまなムーブメントがあったことも影響していいます。

そのなかで、社会的な平等や正義について深く考えるようになりました。女性問題とは、突き詰めて考えると男性問題でもある——そう考えて男性運動をはじめたのですが、一部の女性たちは懐疑的で、信頼を得るには時間が必要でした。でもいまは、とても強いつながりができましたね。

「MOVE」をスタートさせたのは、設立から8年後のことです。暴力の問題は重要だし、女性からの要請もあった。ほんとうはすぐにでもはじめたかったのですが、とても難しいプログラムなので慎重に準備を進めました。ワークショップやレクチャーを開き、暴力性に悩む男性の自助グループを主宰するなど、研修や組織固めに時間をかけたのです。

暴力克服プログラムにとって最大の難関は「いかにして扉を叩いてもらうか」ということ。加害男性が自らカウンセリングの場に足を運ぶのはほんとうに珍しいんですよ。罪の意識が薄いし、「妻が口応えしたからだ」などと自分の行為を正当化していますからね。

当センターでは、「ＭＯＶＥ」のほかに、虐待を受けて育った男性やゲイの男性向けの父親学の講座など、さまざまなプログラムを用意しています。

男性の悩みを幅広く網羅することによって、より多面的に暴力に立ち向かうことができる。受講する側も、「ここは男性の更生を支援する機関なのだ」と感じることができるのです。

裁判所の命令による受講者が大半を占める加害者向けプログラムが多いなか、我々のプログラムでは３分の１以上が自発的参加者だというのも、そこに原因があると思います。


ところが、せっかく受講しても約４割の人は途中でドロップアウトしてしまいます。

裁判所の命令で来た場合、受講を拒否したり中断すれば刑務所に収容されますが、「そのほうがいい」と言う人もいるほど。３年後、また逮捕されて、ようやく更生プログラムの重要性に気づいた、なんてケースもありましたね。

自らの意志と努力で変わらなければ再犯の可能性は非常に高い。

虐待をした罪を認め、その責任を取る覚悟をするのは、加害者にとってとてもハードルが高いのです。

虐待を行う兆候を意識する方法を身につけることも重要です。

殴る、蹴るなどの身体的な暴力や心理的な暴力を使って相手を追いつめる前に、自分の内面の衝動を察知して、自らを抑えることを学ぶのです。

虐待者は、単にイライラしたり、フラストレーションが溜まるから暴力をふるうのではありません。

「怒りをコントロールできないから、暴力をふるうのだ」と世間は言いますが、怒りを抑えることを学んでも、虐待はとまらないのです。

たとえば、上司が理不尽な仕事を押しつけた場合、怒りを感じることはあっても、上司に殴りかかることはない。でも、相手が妻だと話はちがうのです。

相手を支配したい、自分の意のままに動かしたいという欲求が虐待を生む。

身体的な暴力はそのツールにすぎません。

支配欲が自分のなかにメラメラと湧き上がる――そういう状況を「スイッチが入る」と表現することもありますが、その兆候を自分で意識すれば、少なくとも身体的な暴力は抑えることができるのです。

相手を打ち負かすのではなく理解する。

闘うのではなく話し合う。

自分を防御するのではなく感情を分かち合う。

男たちは恐れを捨てて正直になり、自分の行動の責任を取らねばならないのです。


受講後の効果や反応は人それぞれです。

学んだことに深く感謝する人もいれば、そうでない人もいる。以前行った調査では、身体的暴力をやめて生活を変えることができたのは受講者全体の3分の1でした。

なかにはプログラム修了後、わたしたちの活動に加わり、現在はリーダーとして活躍している人もいるんですよ。体験者のリーダーの発言には説得力があるので、貴重な存在になっています。

「男性は変わることができる」。そう信じることから出発する

「MOVE」の受講者には、さまざまな年齢、人種、階層の人がいる。ホームレスもいれば、建設業の労働者、警官、教師、弁護士など、職業も多種多様。裏を返せば、どんな人

でも加害者になりうるということだ。

いっしょに来日した「ＭＯＶＥ」のディレクター、ラッセル・ブラッドベリ・カーリン氏は、「バーで家族や妻の悪口を大声で言うようなタイプではなく、非常におとなしく、友だちもいないような人に、殺人にまで至るケースが多いような気がします」と分析する。

それこそが「コブラ」タイプ。そういう男性がパートナーの場合、女性は逃げることを考えたほうが賢明だろう。

プログラムの目的も復縁ではなく、被害者の保護と再発防止が最優先。そこで、被害女性向けの自助グループも無料で用意するなど、女性側のメンタルケアにも気を配っている。「大切なのは被害者である女性もきちんとサポートすること。我々のプログラムでは、受講者の奥さんや恋人に直接コンタクトして、安全は確保されているか、男性の生活態度は変わったか、暴力はないかなどを確認しています」とカーリン氏は言う。

コース修了に当たっては、パートナーの女性にインタビューして最終的な評価を下す。本人の話を聞いただけでは、いかに熟練したカウンセラーでもだまされることがあるからだ。ただし、女性側がコンタクトを拒否したり、避難中で連絡がつかない場合は、無理に追いかけることはしないという。

「受講しても、たいした効果は出ない」という批判の声もある。だが、「望みがないと思い込んでいては、何もはじまらない」と、ボトキン氏は力を込める。

「『男性は変わることができる』と信じることから出発しなければ、道は開けないのです。お話ししたように、最大の難関はプログラムの扉を叩いてもらうことですが、当センターでは男性の気づきを促す活動もしています。レストランなどでチェックリストの付いたカードを配り、当てはまる項目があればセンターに連絡してくださいと、広く呼びかけているのです」

日本にも強力な男性リーダーが必要

「男らしさ」の呪縛から解放されて「自分らしさ」を取り戻そう——そんなスローガンを掲げる市民グループなど、日本にも草の根の男性解放運動は存在する。

いまのところ活動は限定的だが、「1980年代のアメリカも同じような状況でした」とボトキン氏は話す。

「日本でDV防止法ができたのは大きな進歩です。重要なのは前進すること。これからの道のりは遠いでしょうが、動きがはじまったことが大切なのです。

再犯によって同じ悲劇が繰り返されないよう、更生プログラムの受講を法律で義務づけることは必要だと思います。ただし、各々が勝手なプログラムをつくっても効果は期待できません。法律で定めればそれで済むというわけではなく、どんな内容のプログラムをどのように実施するのか、そのガイドラインを設定しなければいけません。

日本では、市民グループや臨床家の方々など、問題意識を持つ一部の人たちが模索しながら方法論を学んでいる段階だと感じました。今後は男性の立場でこの活動を引っ張る強力なリーダーが必要ですね。ただやっかいなことに、男性がリーダーになるとすべての権限を掌握しようとする。女性と対等の立場で……というのが男性には難しいんですよ」

日本の加害者向け対策ははじまったばかり。問題は多々あれど、近い将来、状況は好転するのではないかと、ボトキン氏は希望を語る。

「日本の場合、ゼロからはじめる必要はなく、我々という先例から学び、それを適応させればいい。我々も協力は惜しみません。日本男性とアメリカ男性のメンタリティはちがう、だからアメリカのプログラムは参考にならないという指摘もあるようですが、言い訳にすぎないのではないでしょうか。文化のちがいよりも共通点に目を向けるべきです。

欧米でも加害者更生の試みの歴史は浅い。現在も、最も効果的な方法は何かを探っている段階です。忘れてはならないのは、法律や警察、裁判のシステム、被害者保護・支援、コミュニティ向けの啓発教育など、一連の対策を伴わなければ、このプログラムは十分な効果を発揮しないということ。あらゆる角度から総合的な取り組みが行われなければ問題は解決しない。まず、社会全体に対し、『ドメスティック・バイオレンスは許されない犯罪だ』というメッセージを継続的に発することが、大きなちがいを生むと思います。

また、起こってしまったことに対処するだけではなく、高校生向けの非暴力プログラムなど予防教育を行うことも重要です。両親の暴力を見て育った少年たちに、両親とは異なるロールモデルを与える活動もぜひ拡げてほしい。

『自分は暴力などふるわないから関係ない』と思う男性もいるかもしれませんが、同じ男性としてこの問題を真剣に捉え、根絶のために力を合わせてほしいのです。女性と男性がともに訴えていくことが大切だということを、どうか忘れないでください」

国の財政を直撃する家庭内の暴力

ボトキン氏の言うように、ドメスティック・バイオレンスの被害を減らすためには、多面的なアプローチが求められる。特に重視すべきは、親の暴力にさらされて育った子どもたちの心身をケアし、次世代の暴力を防ぐことだ。

虐待を受けたり、暴力を見て育った子どもたちのトラウマの治療と、地域や学校における暴力予防教育の推進は、欧米のドメスティック・バイオレンス対策のなかでも、最近、特に力が注がれている分野なのだ。

アメリカの場合、これは犯罪予防対策としての意味合いが強い。

1997年の米司法省の発表によると、このまま収監率が変化しなければ、赤ん坊の20人にひとりが、いつかは刑務所暮らしを体験することになるという。

アフリカ系アメリカ人男性に限ると、この数字は、なんと4人にひとりに跳ね上がる。まさに国家存亡に関わる事態である。

少年少女を収監するには、ひとりあたり年間10万ドルもの経費を必要とするという。しかも再犯の可能性も高い。

司法省、国立司法研究所の報告では、犯罪対策関連の年間予算の約3分の1を、子どもの虐待とドメスティック・バイオレンスに関するものが占めているという。暴力の連鎖によって起こりうる将来の犯罪に対処する費用や、医療費、生産性の低下による損失などを考慮すれば、その額はさらに膨れ上がる。

家庭内の暴力の社会的コストに驚いたアメリカが、慌てて対策に乗り出したのも無理はない。

増大する医療費を抑えるため、予防医療に力を入れているのと同じこと。子どものメンタルケアと予防教育に力を注ぎ、暴力の連鎖を食いとめるほうが、長い目で見れば、犯罪対策費や医療費の削減につながると気づいたのである。

日本にはこうした福祉経済学的な視点が欠けているが、アメリカの二の舞にならないためにも、〝先達〟の試行錯誤を参考にしない手はない。

アメリカで行われている予防対策の一例を紹介しよう。

「ウィメンズ・センター」の子ども向けプログラム

ピッツバーグにある「ウィメンズ・センター」は、最高の設備を誇る大規模なシェルターである。緊急保護施設としての機能の説明は次章に譲るが、そのほかにも、法律関係のサポート（利用実績は年間７０００件にものぼる）や、シェルター内外の被害者を対象としたカウンセリング、地域住民に対する啓発・教育活動など、多岐にわたるサービスを提供している。

なかでも目を引くのが、子ども向けのカウンセリング・プログラム「チルドレンズ・メンタルヘルス・プロジェクト」の充実ぶりである。

不安と暴力から解放され、シェルターという安全な場所を確保することで、子どもの表情は目に見えて明るくなる。しかし、その心の奥底には問題が潜んでいる可能性が高い。そこで、このプロジェクトでは、暴力にさらされた子どもの治療を専門とするセラピストが、母と子の精神面のケアを担当し、トラウマからの回復に力を貸す。閉ざされた子どもの心を解きほぐし、外傷的記憶が呼び起こす負の感情を解き放つことで暴力の鎖を断ち切ろうという試みだ。

センター内には、子ども向けに工夫を凝らした専用のカウンセリング・ルームも設けられている。利用はもちろん無料。シェルターの入居者以外でも、予約を取れば同じように利用できるという画期的なサービスである。

心理面だけでなく、身体のケアも万全で、小児科の医者もボランティアで診療に来る。そのための子ども用診察室もセンター内に設けられているなど、まさに至れり尽くせり。

緊急宿泊所と病院、カウンセラーの診療所、法律相談所、職業訓練所、不動産業者、それに社会啓発のための教育機関とPR会社――それらすべてが一体となったのが、この「ウイメンズ・センター」なのだ。

また、母親がカウンセリングを受けたり、自助グループに参加している間は子どもを預かってくれる託児所の機能もある。

幼児用のプレイルームや小学生向けの遊び場など、年齢別に遊ぶスペースが設けられており、おもちゃや絵本などもふんだんに用意されている。加害者である父親が侵入し、子どもを誘拐する怖れもあるため、外で駆け回るわけにはいかないが、ベランダにはジャングルジムなどが置いてあり、屋外で遊ぶ気分も楽しめるという。

感心しながらセンター内を見学していると、ひとりで遊んでいた10歳ぐらいの黒人の少年が、「あっちにバスケットボールのゴールもあるんだよ」と、自慢気に教えてくれた。

子どもにとっても、ここは夢のような場所なのだ。

4日前にこのシェルターにやってきたという黒人女性のマイラは、4歳、2歳の息子と、生後3ヶ月の赤ん坊を連れて滞在している。

「9年間も虐待され続けていたけど、ホットラインの番号を調べて、ここに逃げてきたの。生活のすべてが変わったわ。これからは、きっとすべてがうまくいくはずよ。ここは清潔だし、子どもたちも友だちがたくさんいるから楽しいみたいね」

そんな話をする間も、息子たちは騒がしく走り回っている。特に2歳の次男は、初対面のわたしにも人見知りせずに擦り寄ってきて、足にまとわりついて離れない。人なつっこいというには少し様子が変だ。

「大人の愛情に飢えているから、こうして甘えてくるのよ。ドメスティック・バイオレンスの被害にあった子どもたちの特徴ね」

案内役のスタッフが、眉間に皺を寄せながら、そう説明してくれた。子どもたちの心から暗い影が消えるまでには、いったいどれぐらいの努力と時間が必要なのか。

だが、悲観的になって立ちどまっている暇はない。長期的な見地から、とにかく対策を進めていかねばならないのだ。

小学生向けのドメスティック・バイオレンス教育

「ウィメンズ・センター」では、地域における啓発活動にも力を入れている。幼稚園児から中高生まで、それぞれの年齢にあった独自のカリキュラムを作成し、近辺の学校に講師を派遣する。

講師は、人種のバランスなども考慮して、男女ひとりずつでチームを組む。学校では週に1回、通常の授業のなかに、ドメスティック・バイオレンスの予防教育のクラスを組み込んでいるという。

授業では、教育用に製作されたビデオを上映。講義やディスカッション、ロールプレイなどを通じて、虐待とは何かを学び、男らしさ、女らしさの枠にとらわれる必要はないこと、相手を思いやり、相手の意志を尊重することの重要性などを理解していく。

小学校高学年向けのカリキュラムの一例をあげよう。

たとえば、感情について。「怒る」「悲しむ」「喜ぶ」「怖れる」という4つのカテゴリーに当てはまる「感情を表す単語」を生徒に考えさせ、黒板にリストアップしていく。「悲しむ」なら、落ち込む、傷つく、「喜ぶ」なら、興奮する、わくわくする、といった具合である。

そして、生徒をひとり前に呼んで、その単語をジェスチャーだけで表現させ、それがどんな感情なのか、他の生徒に当てさせる。3回で当たらなければ、次の単語に進む。

こうして、言葉で説明せずに自分の感情を他人に理解させることがいかに難しいかを、体得させるのである。

最後に教師が感情について講義をする。

自分の感情を相手に理解させるためには言葉で説明する必要があること、他人を理解するためには頭で考える必要があり、感情にまかせて行動してはいけないことを教えるのだ。

レンガを使った授業もある。

「レンガは言葉と同じ。人の心と心をつなぐ〝橋〟をかけることもできるし、人の心を隔てる〝壁〟をつくることもできる」

そう説明したあとで、レンガで何がつくれるかを考えさせる。

心をブロックする〝壁〟になる言葉（疑い、憎しみなど）と、心に〝橋〟をかける言葉（信頼、愛情など）の例をあげさせ、ネガティブな言葉がいかに人の和を乱し、家族や友だちの心に壁をつくるかを教えるのである。

あなたの手は誰かを傷つけるためのものじゃない

予防教育活動は学校内にとどまらない。

たとえば、州内のレストランで配布している「Hands Are Not For Hurting」（あなたの両手は人を傷つけるためのものではありません）というカラフルなパンフレットは、幼児や児童に非暴力の精神を説き、自分も他人も大事にすることを教えるためのもの。

4つ折にされた紙を広げると、真んなかに大きな手のひらの絵が描かれている。手のひらの内側のスペースで塗り絵やお絵描きを楽しむうちに、「手は相手を傷つけるものではなく、人を助けたり、抱きしめたり、握手したり、拍手したりするものです」という教訓が自然に身につくよう、工夫されているのだ。

実際に自分や家族が被害にあったときは、それを秘密として抱え込むのではなく、信頼できる大人に知らせようというメッセージも盛り込まれている。裏面には、警察やホットラインの番号のほか、「誰がどんな目にあっているか」「自分の名前・住所」をしっかりと伝えることなど、適切な通報の仕方がわかりやすく説明されているのである。

さらに高校生に対しては、デート・バイオレンス（日本では「デートＤＶ」と呼ばれることが多い）の予防教育も実施している。

被害にあったときにどうやって助けを求めるか、友だちが被害にあっているときはどうすればいいか、などの実践的な訓練も行い、必要に応じて、問題の渦中にある生徒たちのカウンセリングやサポート・グループの場も提供する。

こうした活動のための教材・資料の作成や、講師を養成することも、「ウィメンズ・センター」の重要な仕事なのだ。

例としてピッツバーグの「ウィメンズ・センター」の活動を紹介したが、同様の取り組みは全米各地で広く行われていることを付け加えておく。

ドメスティック・バイオレンスは未来を担う子どもたちを危険にさらす。

犯罪対策費や医療費を増加させ、社会の生産性を下げるなど、前述のように、経済面でもデメリットが大きい。

アメリカの先例を参考に、日本でも子ども向けの対策を進めることが急務だが、残念なことに、子どもを専門とする臨床心理士や児童精神科医の数は極端に少なく、その必要性に対しても、いまひとつ理解が広がっていないのが実情なのだ。

とはいえ、現状を嘆くだけでは進歩がない。学校や地域コミュニティで非暴力ワークショップを開き、子どものころから暴力を選択しない生き方を教えるなど、可能なことから取り組みをはじめることが大切ではないだろうか。

一部の地域では、人権教育を基盤に、子どもたちが暴力から自分自身を守るための知識や具体的なスキルを教える、アメリカ生まれの暴力防止プログラム「CAP（Child Assault Prevention)」を学校の授業にとり入れている。

また、学校に出向き、デートDV予防講座を行うNPOなども増えてきているが、活動はまだまだ限定的である。こうした動きが日本全国に広がることを期待したい。

また、専門知識がなくても、わたしたちひとりひとりにできることがある。

犯罪を犯すなどの最悪の事態になる前に、子どもたちはいろんなSOSのサインを出している。不登校になったり、動物を虐待したりするのも、その一例だ。それを見逃せば、社会は手痛いしっぺ返しを食らうことになる。

周囲の大人に求められるのは、できるだけ早い段階で、彼らのサインに気づいてやること。そして、その子の良さを認め、温かく見守ってやることだ。

子どもの心は傷つきやすいが、大人に比べれば回復も早いという。ちょっとした気遣いで、子どもたちは変わる。愛情と相手のことを尊重する気持ちがあれば、誰でも援助者になれるのだ。

第7章

DV根絶を目指す、アメリカのリーダーたち

大統領の涙の誓い

被害女性の苦しみや加害男性の心理、予防対策の必要性など、ドメスティック・バイオレンスのさまざまな側面について考えてきた。本章では、わたしがこの問題に関わることになった「原点」、1990年代半ばのアメリカの様子を紹介したいと思う。

連邦政府によるドメスティック・バイオレンス対策の目玉として、1996年、全米どこからでも無料でかけられる24時間対応のホットラインが開設された。

その運用開始にあたり、DV家庭に育ったある男性がこんな感傷的なスピーチをした。

「アメリカには経済的な問題を抱えている子どもたちがいます。でも暴力と虐待のなかで子ども時代を送るぐらいなら、たとえ金銭的に貧しくても、愛情あふれる両親のもとで育つほうが、子どもたちにとっては望ましいのではないでしょうか。

ドメスティック・バイオレンスは女性だけの問題ではない。家族の問題であり、子どもたちの問題であると同時に、男性の問題でもあるのです。この問題に立ち向かうことは、アメリカが対峙しなければならないチャレンジです。

ご存じのように、この問題への取り組みは、わたし個人にとっても非常に意味のあることです。わたしの母親は非常にしっかりとした自己を持つすばらしい女性でした。しかし、不幸にも母はアメリカの女性が暴力から抜け出す方法を知る術もない時代に生きていた。そしていまでも、同じように逃げ出す術を知らない女性が、まだまだたくさんいらっしゃる。このホットラインの存在をすべての人に知ってもらいたい、というのがわたしの切なる願いです」

目に涙を浮かべながら、この犯罪の撲滅を誓ったのは、当時のアメリカ大統領、ビル・クリントン氏である。彼が少年のころ、母親が再婚した相手から暴力を受けていたことは、アメリカでは知らぬ人のいない有名な話だ。

OJ・シンプソン事件で急激に盛り上がった世論を受けて、クリントン政権は1994年秋、「女性に対する暴力に関する法」（Violence Against Women Act）を制定し、ドメスティック・バイオレンスに対する連邦レベルの取り組みを強化した。その背景には、女性層の支持拡大という政治的思惑だけではなく、大統領の個人的な思いも関係しているといわれている。

おかげで、それまで州内でしか効力を持たなかった「保護命令」が全米で有効になり、被害者が州外に逃げた場合にも適用されるようになった。現在もしくは過去に「保護命令」を受けた加害者は、銃の所持が禁じられたのも大きい。

対策の成果であろうか、1970年代からずっと横ばいだったDVによる女性の殺害件数は、1990年代半ばからゆるやかな減少に転じている（FBIの統計よる。ただし女性が殺害された事件全体に占めるDV殺人の割合は変わらず）。

結果的にドメスティック・バイオレンス対策はクリントン政権の「看板政策」になった。だが、この時期に対策が劇的に進んだのは、大統領の強力なリーダーシップのせいだけではない。過去20余年にわたる女性たちの草の根の活動があったからこそなのだ。

「とにかくみんなを巻き込むのよ」

OJ・シンプソン事件が起こったとき、わたしがアメリカに住んでいたこと。取材をするなかで、この問題の根絶に取り組むパワフルな女性たちに出会い、大いに励まされたこと。そして、DV被害者である親友の苦悩を通じて、日本社会における啓発の必要性を強く感じたこと。

こうした事実がなければ、わたしがドメスティック・バイオレンスという問題に、これほど没入することはなかっただろう。

もちろん日本でも、尊敬すべき女性たちに数多く出会った。だが、アメリカの女性リーダーたちのスケールの大きさはやはり桁ちがいなのだ。

「この犯罪をなくすことは不可能ではないはず。マーチン・ルーサー・キング・ジュニアも言ってたじゃない、『I have a dream』って！　夢を信じてがんばっていればなんとかなるわ。日本だってそうよ。アメリカに比べてずいぶん遅れているっていうけど、いつかきっと変わるはず。わたしは基本的に楽観主義者なの。悲観することはないわ。やればできるのよ。必ずね」

「いちばん大事なこと？　とにかくみんなを巻き込むことよ。周囲の人に声をかけて、少しでも問題を理解してもらうの。女性だけじゃないわ、男性もよ。ご近所の人も、会社の同僚も、親戚も、友だちも、とにかく全員よ！」

問題の複雑さと己の無力さに打ちのめされていたわたしは、すべてを包み込むような彼女たちのおおらかさとポジティブ思考にどれだけ励まされたことだろう。

ミネソタ州に全米初のシェルターができたのは１９７４年。現在、全米に散らばるシェルターの数はおよそ１５００といわれている。

初期に比べ、その設備やサービスは格段に向上した。被害女性を緊急保護するのはもちろん、傷ついた心と身体を治療することから、離婚、就職といった自立のためのサポートまで、幅広いサービスが無料で提供されているのだ。

その進歩の裏に、長年にわたって熱意と誠意をつぎ込んできた活動家たちの献身があったことを忘れてはいけない。

シェルターで働く元被害者

わたしに勇気と希望を与えてくれたアメリカの先達たちを紹介していこう。

マンハッタンのグランド・セントラル駅から、電車に乗って30分ほど北上すると、ウエストチェスター郡に着く。近辺は環境も良く、学校教育のレベルも高い。マンハッタンの通勤に便利な郊外ということで、大手企業の駐在員を中心に日本人のコミュニティもできている高級住宅地だ。

ここに来た目的は「マイ・シスターズ・プレイス」を訪ねること。１９７８年にシェルターを開設した草分け的存在のＮＰＯである。

迎えに来てくれるはずの女性を駅の前で待った。しばらくキョロキョロしていると、約束の時間をすこし過ぎたころ、駅前のロータリーに小型車が滑り込んできた。ほっとして駆け寄ると、ボーイッシュな感じのスリムな女性が、「ティア・ドゥボウよ。遅れてごめんなさい」と言いながら、車のドアを開けてくれた。

事務局に向かう途中、車のなかで話がはずむ。「最近、新しい場所に移ったの」と誇らしげに話すティア。

だがわたしは、彼女のどこか暗い表情と、顔に残った古い傷痕が気になって仕方がなかった。

「わたし自身も『マイ・シスターズ・プレイス』の自助グループに参加して、ずいぶん救われたの。もう10年も前の話だけど」

ぽつりとティアは言った。

やはり彼女はサバイバー（ドメスティック・バイオレンスを経験後、自立に成功した女性のことを、敬意を込めてこう呼ぶ）だったのだ。

ティアのように、サバイバーがＤＶ関連の団体で働くことは珍しくない。ＤＶ被害者の支援ではサバイバーとしての体験が生きる。一般市民に対する啓発活動や、警察や病院での研修、基金集めのための講演など、活躍する機会も多いのだ。

「マイ・シスターズ・プレイス」では週に1回、内外からサバイバーを招いて自助グループを開いているほか、夫殺しの刑で服役中のＤＶ被害者を訪ねて、支援の手をさしのべる活動も行っているという。


「わたしも刑務所にいたときに、ここのスタッフと知り合ったのよ」

何気ないティアの言葉に、わたしはドキリとした。彼女は確かに「刑務所」と言った。ということは……。

わたしの表情を読み取ったティアは、「わたしの体験談に興味があるかしら」とたずね、ゆっくりと語りはじめたのだ。

夫を殺すまで追いつめられて

夫と結婚したとき、ティアは21歳。当時、彼はとてもやさしく、チャーミングだった。知り合って3ヶ月で結婚を決めた。

正確に言うと、それはティアの望んだことではない。

プロポーズされたとき、一緒に住むことには同意したものの、正直なところ結婚には迷いもあった。しかし彼は結婚することにこだわり、彼女の両親に事の次第を話してしまう。保守的な母親は同棲に反発。「それならば、きちんと結婚してちょうだい」と懇願した。

両親を悲しませたくない一心でティアは結婚を決意する。

思えばこれが悲劇の第一歩であった。すべてを自分の意のままにしようと、夫は状況を操作したのだ。

結婚して間もなくすると、夫の嫉妬が尋常でないことが露呈する。妻が女友だちと会うことも嫌がったのだ。

人と会うときは、できる限り夫も同行。それが不可能なときは、何を話したかを逐一知りたがった。親友の個人的な悩みの相談などは夫に話しづらく、渋っていると「夫婦の間で秘密は持つべきではない」と強硬に言い張った。

半日女友だちと外出したときには、「どうしてそんな長い時間一緒にいられるんだ」と妻をなじり、挙げ句に「お前たちはレズだろう。会ってセックスしてたんだろう。そうにちがいない」と疑い出す始末。

「ただの良い友だちで、そんな関係なんかないわ。女同士はおしゃべりすることがたくさんあって、時間があっと言う間に過ぎるのよ」

懸命にそう説明しても聞き入れてもらえず、何ヶ月もの間、友人とつき合うことをとめられてしまった。

親友たちもさすがに遠慮して次第に疎遠になり、気がつくとひとりになっていた。

こうして周囲から隔離されていったのである。

夫が再婚であったことも結婚後発覚した。それを境に、彼女の両親の夫に対する評価が変わる。離婚もすすめられたが、ティアは頑として突っぱねた。なんとか結婚生活を維持したかったのだ。

そんな両親を夫は煙たがり、妻から遠ざけようとした。さらに「悪い影響を受ける」と、姉妹と連絡を取ることも妨害され、彼女は自分の家族とも没交渉になってしまった。結婚してからは、いつも夫が車を運転したため、ティアは自分の運転免許の更新をやめてしまった。

アメリカの郊外では車は生活の足である。免許を失ったことが、孤立をさらに深める結果となる。妻は軟禁状態となり、虐待はエスカレートしていったのだ。

そのころには身体的な暴力もはじまっていた。殴られ、叩かれ、蹴られても、友だちや家族に相談もできず、ひとりではどこへも逃げて行けない状態に陥ったのである。

ある日、いつものように一方的に殴りつけたあと、夫は裸同然の姿のティアを放り出し、家から閉め出した。

近所の人に助けを求め、このときばかりは警察を呼んだが、駆けつけた警官は、「夫婦間のことなら、我々は何もできない」と言い残して帰ってしまう。

途方に暮れた彼女は夫に許しを請い、平謝りに謝って家に入れてもらった。惨めだった。

夫が友人を家に招いた際、ささいなことで口論になったことがあった。

腹を立てた夫は、妻の両手を後ろ手にしばり、腕を無理矢理ねじり上げようとしたのだ。思うがままに妻を支配しているところを友人に見せつけたかったのか、「ほら、腕をへし折られたくなかったら、言うとおりにしろ！」と夫は命令した。
意地になった彼女は、歯を食いしばってそれを無視したが、逆上した夫は、ほんとうに彼女の腕の骨を折ってしまったのだ。

腕を折ったことに気づいた夫は、彼女を病院に連れて行き、検査の間もずっとつき添った。夫の監視に恐怖を感じた彼女は、「水で濡れた床のうえで滑って転んでしまった」と見え透いた嘘をついた。１日だけ入院した際も、夫はずっとそばを離れず、無言のプレッシャーをかけていたのである。

その後の暴力では、意を決して妹に打ち明け、こっそりと病院に連れていってもらったこともある。診察で前日受けた暴力の跡を見せると、医者は外傷や打撲を認めたが、「現場を目撃していない」という理由で、「夫の虐待が原因である」という内容の診断書を書くことを拒否した。
70年代のことである。かつての日本と同様、警察も病院もまったくあてにならなかったのである。

また、夫が死に、自分が刑務所に入るまで、ティアは自分がDV被害者だという認識はなかったという。夫に「おまえは気が狂っている。どうしようもない奴だ」と言われ続けるうちに、ほんとうに自分は狂っているのではないかという気さえした。

「もし、おまえが『夫に殴られている』なんて人に言っても、誰もそんなこと信じないさ」とも脅かされていた。

魂を抜かれた妻は、まるで悪魔の暗示にかかったかのように夫に操られていたのである。

そんな牢獄のような結婚生活が9年半続いた。

だが、ピリオドはとんでもない形でやってきた。1982年の12月。夫は頭に1発の弾丸を受けて死亡した。そしてティアは逮捕されたのである。

「その瞬間のことは、ほんとうに何も覚えていないの。ショックで記憶がふっとんでしまったのね。気がついたら……彼が死んでいたのよ」

遠くをぼんやり見つめながら、ティアは言う。

正当防衛とは認められずに

たぶん、こういうことなのだ。

「殺すぞ!」と拳銃を手に迫ってきた夫ともみ合ううちに、銃を奪った彼女が夫を撃ち殺してしまった。

あるいは、銃を奪おうとしているときに、はずみで銃が発砲。弾丸がたまたま夫に命中してしまった。いずれにしても正当防衛だと思うが、最初は殺人罪で裁かれた。のちに減刑になったが、3年半の間、刑に服したのだ。

ティアのように、加害者から身を守るために事件が起こっても、当時は正当防衛として認めてもらうことが難しかったのだ。

判決を受けたとき「わたしはもう十分に罰を受けているのに」とティアは思ったという。自分は9年半もの間、家庭という名の牢獄にいたのだ、と。

「裁判官は『大学も出て教養のあるあなたが、そんな夫から早く逃げ出さなかったことに罪がある。だから、罰を受けるために刑務所に入るように』と言ったのよ」

夫の死によって、その暴力から逃れた彼女は、法律という名の社会システムから、新たな虐待を受けたのである。

刑務所を出たティアは、苦しんでいる女性たちを助けようと、「マイ・シスターズ・プレイス」で働きはじめた。

大学院に通い教育学で修士号も取った。アシスタント・ディレクターの肩書きをもらい、被害者の支援とドメスティック・バイオレンス撲滅のために力を尽くしているのである。

アットホームなシェルター

ティアに案内されて、シェルターの見学に向かった。

ヨンカース地区にある一軒家。住宅街のなかにあり、外見はちょっと大きめの一般住宅にしか見えない。向かいは学校。シェルターの住所は公開されていないが、近所の人はここがシェルターだと知っているらしい。

1階には、ゆったりとしたソファが並ぶリビングや、皆でおしゃべりしながら食事ができる広い食堂、そして机が3つ並ぶ小さな事務所がある。

子どもたちのためのプレイルームや裏庭には、おもちゃや遊戯道具がたくさん並んでおり、ちょっとした保育園のようだ。子どもたちが描いた絵が壁に掛けられているのが微笑ましい。

普通の家とちがうのは、入口に硬く鍵が掛けられ、24時間、監視カメラで出入りが厳しくチェックされていること。逆上したDV加害者が銃を片手に乗り込んでくる可能性もあり、警備態勢には万全を期さなければならないのだ。

「マイ・シスターズ・プレイス」では15人が宿泊できるシェルターをふたつ運営しているが、シェルターはいつも満員だという。「ホットライン」（独自の運営による24時間対応のフリーダイヤル）にも、月に1000本以上の電話がかかってくる。

ベッドルームは2階と3階にある。部屋代はもちろん、食事代や電話代も無料。

わたしが見学した日も、ひとりの女性がリビングに座り込み、ずっと電話にしがみついていた。夫のもとでは家族に電話することさえままならなかったはず。長電話してしまうのも無理はないと、スタッフも誰ひとりその女性をとがめない。

心も身体も傷ついた被害者が安心して休息できる「セイフ・ヘブン（安全な天国）」。ここならば暴力の恐怖から解放されてほっとできるのではないかと感じた。無味乾燥な大部屋にベッドがずらりと並ぶ大規模シェルターもあるが、この施設は親戚の家へ泊まりに来たような心地よい安らぎに満ちているのだ。

着の身着のままで逃げてきた被害者のために、衣料品や日用品も揃っている。そのかわり利用者は当番制で掃除や食事の支度をするという仕組みだ。家具などもコミュニティからの寄付でまかなっている。

「シェルターにいる間に、離婚や親権の裁判の手続きをしたり、仕事を探して、新生活の基盤をつくるんです。緊急の施設だから、規定により滞在は最長90日。平均は30日です。その先は、『トランジッション・ハウス』と呼ばれる賃貸料金が格安の住宅やアパートを紹介します。虐待されたうえに、ホームレスになったのでは踏んだり蹴ったりでしょう。そんなことがないよう、できる限りサポートしています」

シェルターの入居者の世話をするミリーは、スペイン語と英語のバイリンガル。陽気な人柄が周囲の空気をなごませる。

「最初はひどい表情をしているけれど、皆、出て行くときには見ちがえるほど美しく、強くなる。寄付された衣類のなかから、『これがいいかしら、ねえ、似合う？』とうきうきしながら洋服を選んだりね。そんな元気が出てくれば、もう大丈夫。女性たちがだんだん自分を取り戻して自立していくのを見ているとわたしも幸せになります。やりがいのある仕事ですね」

事務局では、裁判で離婚や親権を争う際に弁護士を派遣するプログラムも強化している。「加害者が金に糸目をつけず一流の弁護士を雇えば、裁判の結果は変わってしまう。子どもがいれば、親権や訪問権（日本の面接交渉権にあたる）の争いは泥沼化する。特に白人富裕層が加害者の場合は、たとえ負けても何度でも裁判をやり直すから、優秀な弁護士の助けが必要になる。このプログラムはそのために用意されているの。でも、たとえ離婚が成立しても、DV加害者との闘いはエンドレス。法律というシステムを利用して、精神的にも金銭的にも女性を苦しめ続ける。この〝戦争〟に終わりはないのよ」

闘いはエンドレス――。

怒りのこもったティアの言葉を聞きながら、わたしは絶望的な気分になった。

そして、この〝戦争〟に勝者はいない。

「わたしが刑務所にいたころと比べて、状況はよくなったけど、変化はやはりスローだわ。警察の対応だってまだ十分とはいえない。言ってみれば、誰が署長かによってかなり差があるのが実情。変えなくちゃいけないことはたくさんあるのよ」

ティアたちの終わりなき闘いは、今日も続いている。

ドメスティック・バイオレンスと闘う女性写真家

『Living With The Enemy』と題された写真集は、女性の顔のアップではじまる。両目の下にどす黒く大きい痣《あざ》が深く刻まれている。見開いた瞳には悲しみの色がにじみ、その空ろな視線は遠くをただぼんやりと見つめている。

古い傷が目尻にひとつ、ふたつ。唇は固く結ばれている。

飾り気のない、実直な1枚のモノクロ写真が、被写体の心情をストレートに語っている。ページをめくると、ドメスティック・バイオレンスの実態の記録が、次々と目に飛び込んでくる。

夫が妻を殴った瞬間。

8歳の少年が、警察に連行される父親に、「おまえなんか大嫌いだ！　二度と家に戻ってくるな」と泣きながら叫んでいる場面。

「僕がママを守る」とゴムのナイフとおもちゃの拳銃で〝武装した〟少年。

救急救命室に運び込まれた女性の、ざっくり裂けた生々しいナイフの刺し傷。

母と娘のふたつの棺が並ぶ葬儀場。

刑務所、シェルター、警察の取り調べ室、病院の救急救命室……。


ドナ・ファラートはドメスティック・バイオレンスの真実を記録、報道するフォトジャーナリストとして、他の追随を許さない。

彼女の写真は世界中の人の目を開かせ、啓発活動に貢献しているのだ。


どうすれば、こんな写真が撮れるのか。

こんな写真を撮る女性とは、いったいどんな人物なのか。

写真家ドナに興味を持ち、わたしはマンハッタン・チェルシー地区にあるロフトに、ドナを訪ねた。

周辺はフォト・スタジオやラボが軒を並べ、多くの写真家が住居を構える。別名「フォト・ディストリクト」と呼ばれる一角である。

暗室から出てきた彼女は、意外にも小柄で華奢な感じのする女性だった。話し方もどこか頼りなさげ。あんなハードな取材をモノにするのだからと、アメリカ女性らしいアグレッシブなキャラクターをイメージしていたわたしは面食らった。日だまりの午後。ロフトの大きな窓から差し込んでくる暖かい光に包まれて、気持ち良さそうに伸びをする猫を、いとおしそうに撫でるドナ。

しばらく話すうちに、やはり彼女だからこそあの写真が撮れたのだと納得した。相手の心の内にすっと入り込んでくるソフトな口調。「この人なら信用できる」と思わせる誠実な人柄や仕事にかける真摯な姿勢が、ひしひしと伝わってきたからだ。

取材に応じた被害女性たちは、被写体になることでプライベートな部分を世間にさらさねばならない。と同時に、写真が公表されることで、加害者を再び刺激してしまう危険性もある。

活字メディアのインタビューでも協力してくれる人は限られている。まして写真となれば、その取材交渉の困難さは計り知れない。取材者と被写体との間に確固とした信頼関係を築くしか、手だてはないのだ。

「だからね、時間をかけて文字どおり相手の懐に飛び込むのよ。それしか方法はないわ。暴力が起こりそうな夫婦の家に、何週間も住み込んで、何時間でも話を聞いてあげて、徐々に信用してもらう。相手が警戒心を解いてきたらカメラを構えるの。そうなったら、彼らはカメラなんて気にしないわ。わたしの前でも平気で奥さんに手をあげるのよ」

裕福な家庭。貧しい家庭。白人の家。黒人のアパート。さまざまな人々の生活に入り込み、ベッドルームの様子まで写真に収めることを許可してもらった。

フィラデルフィアのシェルターには、9ヶ月も住み込んだ。刑務所のなかでも暮らした。誰にでもできる仕事ではない。

「写真を撮る前に、あなたは悪くないのだから恥じることはない。あなたの体験を知ることによって、たくさんの女性が力をもらえるんだって説明するの。説得するのはたいへんよ。シェルターに取材を申し込んでも拒否する所がほとんどだったし、最初はフラストレーションが溜まる一方。この犯罪の深刻さや自分の無力さをしみじみ感じて辛かったわ。それに、せっかく苦労して写真を撮っても、どの雑誌も掲載してくれなかったのよ」

ドナの仕事にスポットが当たるようになったのは、1986年に「ユージン・スミス賞」を受賞してから。それまでは、「ドメスティック・バイオレンスなんて、報道写真のテーマには向かない」と、編集者の態度は冷たかったのである。

当時のドナの体験は、それから10年後の日本でわたしが直面した状況と酷似していた。わたしの苦しい立場を察したドナは、以後、多方面でわたしをサポートしてくれたのだ。

「取材を断られたって？　信じられない！　でもね、あきらめちゃだめ。ドメスティック・バイオレンスの取材はね、あきらめちゃいけないの。何度だって、食い下がるのよ！　ひとりでも多くの人に真実を伝えるため、がんばりましょう」

電話で、手紙で、くじけそうになるわたしを励ましてくれたドナ。

彼女の取材にかける熱意は、こうしてわたしにも伝染したのである。

取材する側から支援する側へ

ドナの功績はドメスティック・バイオレンスの真実を記録、報道しただけではない。91年には、ドナの作品を使って、ドメスティック・バイオレンス根絶のための基金を集めるNPO「ドメスティック・アビュース・アウェアネス・インク」も設立している。

真実を捉えた写真の持つ説得力は何物にも代え難い。写真集と同名の「Living With The Enemy」と題された写真展が、全米90ヶ所を巡回したほか、オランダ、イタリア、スペイン、ドイツ、メキシコ、アフリカ、中東など海外でも公開され、社会啓発の一翼を担っているのだ。

シンプソン事件の直後、「タイム」誌は、ドナの写真を表紙と特集の両方で大々的に使った。

ドメスティック・バイオレンス対策をかかげたクリントン大統領が、1996年の大統領選用のテレビCMでドナの写真を使ったのをはじめ、自治体などのDV撲滅キャンペーンにも作品が頻繁に使用されている。こうした過去の作品の使用料はすべて「ドメスティック・アビュース・アウェアネス・インク」に入り、シェルターへの寄付にあてられているのだ。

また、子どもに対する非暴力教育にも関心を寄せるドナは、「When Love Hurts」というスライド・ショーも制作し、写真を見せながら、ドナ自身がドメスティック・バイオレンスをわかりやすく解説する教育プログラムにも力を入れている。

忙しい取材の合間をぬって講演もこなすなど、仕事は多方面に広がった。

ドナの存在はアメリカのドメスティック・バイオレンス運動のなかでも重要な位置を占め、その人道的な活動が表彰されるまでになったのである。

はじめて目の当たりにした暴力

なぜ、彼女はこんなにも深く、このテーマを追いかけるようになったのか。

「わたしは暴力のある家庭になんか育たなかったし、愛し合ってる男女の間でそんなことが起こるなんて想像もしていなかった。だけど、あるカップルと知り合って、彼らの生活を撮り続けているうちに、奥さんが殴られるのを見てしまったの。ショックだったわ。ほんとうにショックだった」

ドナがリサとガースを知るきっかけとなったのは1981年のことだった。ある月刊誌の依頼で「ニューヨークのグラマラスなカップル」を追いかけることになったのだ。

成功したコンピューター・プログラマーであるハンサムな夫と、美しい妻。リサとガースは深夜のマンハッタンのクラブで繰り広げられる、きらびやかで退廃的な乱痴気パーティーの主役だった。80年代の華やかさを象徴する夫妻は、被写体として申し分なかったのである。

ふたりは郊外にあるすばらしい邸宅に住んでいた。8つの寝室。プール。サウナ。ジャグジーの付いた大理石のバスルーム。5人のかわいい子どもたち。愛し合う夫婦。人が望み得るすべての幸せを手にしたような生活だとドナは思った。

そして、夫妻と生活をともにしながら、彼らの華々しいライフスタイルをフィルムに収めはじめたのである。

だが、しばらくすると、何かがおかしいことに気づいた。妻は夫に従順すぎたのだ。夫の友人や仕事の取引先を喜ばせるため、夫から「ヤツらとセックスをしろ」と命じられれば、リサは逆らわなかった。ドナの見ている前で、洋服のボタンをはずし夫の客に肌をさらけ出すリサの姿は、どう考えても異常だった。

セックスとドラッグとアルコール漬けの日々。夜毎のパーティーに疲れはじめていた妻は、「それが終われば、家に帰してやる」という夫の言葉を信じて、気の進まないバカ騒ぎに参加していた。「ガースは才能にあふれたすばらしい人。まちがったことなどしない」と思い込んでいたのだ。

そんな妻に対し、「おまえが望んだことだ。リサのためじゃないか」と夫は繰り返す。ドラッグも強要されて、リサは次第に物の怪に憑りつかれたような空ろな表情になっていったのである。

ある日、リサは「すべての問題はドラッグにあるにちがいない」と考え、夫の使っていたコカインのパイプを隠す。それに気づいたガースは逆上、ふたりは激しい口論になった。夫は同じものをいくつも持っており、不便はなかったはずだが、妻が自分に内緒で勝手な行動をとったことを許せなかったのだ。

不穏な空気を嗅ぎ取ったドナは夫妻の寝室へと走った。すると、ドナの目の前で、ガースがリサを殴ったのである。

「とっさにカメラを向けて、その瞬間を撮ったの。何が何だかわからなかったけど、反射的にシャッターを押していたのよ。ガースはわたしがいることなんて、全然お構いなしだった。次の瞬間、我にかえって、あわててガースをとめようとした。『リサを傷つけようとしてやってるんじゃない。ちょっとものの道理を教えておかなきゃと思っただけさ』と彼は言ったわ」

混乱したドナは、自分が目撃した場面が信じられなかった。理想のカップルだと思っていたのは虚像だったのか。

暴力の現場を撮ったフィルムは未現像のまま、引き出しの奥にしまった。醜い現実を認めたくなかったのである。

しばらく夫妻から距離を置いているうちに、ガースはリサをアルコール依存症患者のためのリハビリ施設に無理矢理入れてしまう。

「すべての問題はリサにある。彼女はアル中なのだ」と、責任を妻に押しつけようとしたのだ。

ドナがリサを見舞ったとき、彼女の目の下には黒いあざができていた。

「どうして、こんなことに？」と問うと、リサは「酔っ払って、つまずいたんだと思うの。それでテーブルで顔を打ったのよ。たぶん」と答えた。傍らに寄り添う夫に操られるように。

その様子を見て、ドナは問題の本質をやっと理解できたような気がした。

そして、目を背けることをやめた。

家に帰ると、しまっていたフィルムをつまみ出し、暗室へ駆け込んだ。現像液に沈んだ印画紙の上に、愛する妻を殴る残忍な男の姿がくっきりと浮かび上がる。醜悪な現実を否定しようとしていた自分が恥ずかしかった。

人間としての誇りを取り戻したリサ

退院したリサを迎えたのは、すべての部屋に贅沢に飾られた高価なバラの花束と、家のあちこちに掲げられた「ウェルカム・ホーム！　愛する夫より」の仰々しいサイン。高価なプレゼント。

暴力のサイクルで言うところの「ハネムーン期」である。

だが、その後、ガースの暴力は激化した。入院前よりも、もっと残虐にリサを殴りつけるようになったのだ。

ある日、彼はリサの指に噛みつき、倒れた妻の体のうえで何度もジャンプを繰り返した。彼女の髪の毛をつかんだまま、階段を上がったり下りたりして、リサの身体を引きずりまわしたのだ。

「ガース！　わたしはリサよ。ねえ、わかってるの！」

そんな悲痛な呼びかけも、暴走をとめることはできない。

いや、愛する妻だと十二分に認識しているからこそ、夫の虐待は激しさを増すのだ。

最後にレイプされた挙げ句、リサは裸のまま家の外に放り出された。

哀れな母の姿を見かねて、長男は警察を呼び、夫は逮捕されたのである。

ドナのカメラは警察署に連行される彼の姿をも捉えている。

悪びれた様子もなく、不遜な視線をレンズに向ける犯罪者。その表情に反省や後悔の色はない。


これを機に、リサは子どもを連れて家を出た。

離婚は成立したものの、裕福であるはずの夫は養育費を一銭も払わなかったという。

5人の子どもを抱えて自活の道を探した彼女は、苦労の末、マッサージの技術を身につけ、自立に成功する。

毛皮のコートや宝石は失ったが、人間としての誇りを取り戻したのだ。

そんなリサの強さと勇気を、ドナは心の底から尊敬している。

リサとガースに出会い、ドナはドメスティック・バイオレンスという犯罪の重大さに目覚めた。それが彼女の写真家としての人生をガラリと変えてしまう。以後、並々ならぬ情熱とねばり強さで、このテーマを追いかけはじめるのだ。

真実を報道することが多くの被害者を救うと強く信じて。

ドナが撮った夫妻の華麗なナイトライフは、「センセーショナルすぎる」という理由で結局掲載されなかったという。

無論、暴力の瞬間を捉えた写真も、公表される機会はなく、長い年月が過ぎた。アメリカを代表する報道写真誌「ＬＩＦＥ」でさえも、ドナの熱意に感服し、取材のサポートはしてくれたものの、掲載は見送ったという。

「ユージン・スミス賞」を受賞したあとは、ドナの仕事に対する評価も高まり、さまざまな雑誌から依頼が舞い込んだ。

そして１９９１年には、撮りためた作品を収録した写真集を出版する。このなかで、リサとガースの写真はようやく人の目にふれることとなったのである。

社会の変化を見届けたい

意外かもしれないが、ドメスティック・バイオレンス運動を引っ張るアメリカの女性リーダーには、幸せな結婚をしている人が多い。「女性は男性に頼らずに生きていくべきだ」と息巻いているわけではなく、むしろ「お互いを尊重し、ポジティブな男女関係を保ってこそ、より良い社会が成り立つ」と信じているのである。

ドナには母としての顔もある。結婚はしていないが娘がひとり。子どもの将来を思う親心も、この運動へと彼女を駆り立てる原動力になっているのだろう。

「いちばん大切なのは子どもたちに『愛とは何か』を教えることね。ジェラシーや独占欲は愛じゃないわ。答えはとっても難しいけど、愛とは相手に正直であることや、相手を尊重することだと思うの。娘ともよく話をするのよ。人を愛するって、どういうことなのかしらねって」

ドナにもボーイフレンドがいるし、恋愛のすばらしさはよくわかっている。だからこそ、病んだ関係から抜け出せずにいる女性たちを、放ってはおけないのだ。

こんなに苦労をして、どうしてお金にもならない仕事を続けているのか。改めてドナにたずねてみた。

宙を見つめ、しばらく間を置いてから、彼女はこう答えた。

「それはたぶん、長い間やってきたからかしら。一種の職人ね。水道工事の技師や、大工みたいなもの。専門家になってしまったから、人には見えない問題点がよくわかる。だから見過ごせない。ここまできたら、社会が良い方向に変わっていくのをしっかりと見届けたいのよ」

ピッツバーグが誇る最高の設備「ウィメンズ・センター」

電話で教えられたとおり、空港からタクシーに乗り、目的地へ向かう。

かつては鉄鋼業で栄えた街だが、現在、ダウンタウンには、有名な病院が林立。臓器移植のメッカとしても知られている。

道路沿いに建てられた広告用の看板には「ドメスティック・バイオレンスをなくそう」の大きな文字。それがＤＶ根絶に対する住民の熱意を端的に表している。

病院だらけの一角を抜けて、10分ほど走った住宅地のなかに、目指す建物はあった。住所の表示も建物の名前も表示されていないビル。「その住所ならここさ。まちがいないよ、お客さん」とタクシーの運転手は言うが、大通りに面したこんな目立つ場所に、シェルターなんか建てるだろうか……。

不安を覚えながら、とりあえずビルに向かって歩き出した。だが正面には玄関がない。建物の横手に回ると、警備員室のような一角を見つけた。ガラス張りの部屋からは女性ばかりの警備員が何人かこちらを睨んでいる。とりあえずここでたずねてみるしかなさそうだ。

わたしが近づくと手前の入口の鍵が開く。なかに入り、ガラス越しに、「ウィメンズ・センターは何階ですか？」と聞くと、相手の表情が心持ちこわばった。

ますます変ではないか。やっぱり場所をまちがえたのか、と冷や汗が出る。

「何のご用ですか？」

マイクを通し、厳しい口調で警備員は迫る。「えっと、あの、エグゼクティブ・ディレクターのマルティ・フライデーさんにアポがあるんですけど……」。おずおずと答えると、「あら、失礼しました。お名前は？」と、相手の態度がコロリと変わったのだ。

事の次第を呑み込んだとみえて、警備員はにこやかな表情で、「どうぞ。マルティのオフィスは3階よ」と奥の入口を指差す。

ガチャリ、ガチャリと重々しい音をたてて、二重に鍵が掛けられたガラスの扉が開いた。分厚いガラスはまちがいなく防弾だ。「犯罪都市ニューヨーク」の過剰警備に慣れたわたしでもちょっと戸惑うほどの厳重態勢である。

エレベーター・ホールへと進んで、わたしははじめて気がついた。なんと、このビル全部が「ウィメンズ・センター&シェルター・オブ・グレーター・ピッツバーグ」なのだ。シェルターが同じ建物内にあるため、警備がことのほか厳しいのである。建物のなかも広い。半年前に引越したばかりとあって、何もかもピカピカだ。

オフィスに入っていくと、マルティは温かい笑顔で迎えてくれた。

「夢のような」シェルター

マルティを訪ねていったのは、ドナの紹介があったからだ。

「シェルターに住み込んで写真を撮りたい」というドナに対し、誰よりも先に取材を許可してくれたのがマルティだったのだ。

「日本の女性記者が興味を持ってくれるなんてすばらしい。大歓迎よ。ニューヨークからなら、飛行機ですぐだから、ぜひいらっしゃい」

そんなマルティの言葉が、どんなにありがたかったことだろう。

小躍りしながら、こうしてピッツバーグまでやってきたわけだが、こんなに大規模なセンターだったとは、まったくの予想外であった。

驚きを隠せないわたしに、マルティが笑いながら答える。

「すごいでしょう。引越したばかりだから、実はまだわたしたちも慣れていないの。ドナが取材に来たころは古い教会の地下を借りていたわ。当時と比べると雲泥の差よ。ドナにもちゃんと伝えておいてね。この建物を見たら、彼女もきっとびっくりするわ」

このセンターの設立は1974年。個人宅のキッチンに電話をひいて、ホットラインを開設したのが出発点だ。その後、組織は拡張を繰り返し、常勤のスタッフが51人、パートタイムが15人、定期的に働くボランティアが80人という大所帯になった。

1994年の秋から大規模な基金集めキャンペーンを行い、州からの助成金を含めて、わずか1年半で500万ドルもの大金を集めることに成功した。それをもとに、現在の新しいビルを購入、移転したというわけだ。

シェルター部分は、この施設のために60万ドルもの寄付をくれたある女性の名を冠している。スタッフが常駐するガラス張りの事務所、ソファのある広々としたリビング、大学のカフェテリアのような明るい食堂、設備の整った広いキッチンに加え、入居者の寝室となる12の個室がある。

わたしが見学させてもらった個室は、ベッドが3つあり、バスルームも付いていた。家具はテレビとロッカーとクローゼット。ホテル並みの設備と広さだ。

滞在は原則30日までだが、特別な事情があれば延長も可能。食費も滞在費もすべて無料。ただし食事をつくるのは当番制である。この日の献立はミートソース・スパゲッティだ。

食堂にぽつんと座っているのは、70歳ぐらいのおばあさんである。

少し前までは日本人女性もいたという。英語がうまく話せず、スタッフは苦労したというが、日本人の夫との離婚も成立し、親権問題も決着がついたそうだ。

これまでに、3、4人の日本人が滞在したという。はるかピッツバーグで、シェルターに駆け込んだ日本女性。英語も話せないという駐在員の妻だろうか。パスポートを奪われ、帰国することもできなかったのかと想像を巡らせる。心細い異国の生活に加えて、頼みの綱である夫にも虐待されたのだ。そのつらさを思うと、いたたまれない気持ちになる。

建物を案内しながら、アシスタント・ディレクターのシェールは、「きれいでしょ」「すばらしいでしょ」を連発した。あらゆるドアにカード式の鍵がついており、セキュリティも万全だ。

「アメリカのどこを探しても、こんなりっぱな施設はないわ。ドメスティック・バイオレンス運動の成果を示すモニュメントだと誇りに思っているの。ひょっとしてこれは夢じゃないかって、頬をつねりたくなるときが、いまだにあるのよ」

シェールもサバイバーだという。ボランティアからはじめて、ここで18年も働いている。スタッフの約3割がサバイバーらしい。

うっすらペンキのにおいが残る建物には、まだ工事中のセクションもある。

倉庫にはディズニーのぬいぐるみやおもちゃが大量に積み上げられていた。すべて企業からの寄付だという。

「そこのダンボール箱は、市民から寄付された古着。洋服はアパレルメーカーから新品のものをもらうから、実は十分間に合っているのだけれど、せっかくの好意だから受け取っているのよ。活動に貢献したい、参加したいという皆さんの意欲を大切にしなければと思ってね」とマルティは言う。

ホテルのような施設に、寄付の山。財政難に苦しむ簡素なシェルターから比べると、なんと贅沢な話だろう。

お気に入りのおもちゃも持ち出せずに逃げてきたであろう子どもたちのためにと、わたしもプレゼントを持参していた。だが、高価な「くまのプーさん」のぬいぐるみの山を前に、手渡すのをためらってしまった。自分の贈り物の貧相さに気が引けたのだ。

シェルターの所在地は公表されていないが、地元の人たちはその存在を知っている。モノもお金もふんだんに集まる背景には、ドメスティック・バイオレンスに対する地域住民の意識の高さがあるのだろう。

アメリカでは州によって行政のやり方は千差万別。そこでDV問題でも、取り組みに熱心な州とそうでない州とでは、対策の進み具合にかなりの地域差が生じている。

たとえばカリフォルニア州では、ドメスティック・バイオレンス専門の裁判所まである。被害者に携帯用警報器を配布し、ボタンを押すだけで、警官が駆けつけるシステムを採用する先進的な市警察もある一方で、政策が足踏みしている保守的な州もあるのだ。

もちろんペンシルベニア州は、対策に特に積極的な州のひとつである。

「カリフォルニア州のサンディエゴには及ばないかもしれないけれど、関心の高さでいえば、ピッツバーグも10本の指に入るわね。コミュニティ全体を巻き込んだ教育・啓発活動が成果を上げたのでしょう。運動を広げるためには、組織の運営を強化することや、基金集めも大切。有名な医師の奥さんなど、地域の有力者に理事になってもらって、活動をサポートしてもらっているの。政治家をはじめ、各界のリーダーの協力を取り付けることも重要ね」

アメリカのチャリティー活動では、社交界とのつながりも無視できない。「ウィメンズ・センター」の活動を強化するために有力な理事を集めたのは、マルティの手腕であろう。人を包み込むような魅力的な人柄に加えて、組織の経営能力に長けた彼女のおかげで、寄付は劇的に増加したのである。

この世からシェルターが消える日まで

マルティとランチを食べながら、いろいろな話をした。

「わたしの育った家庭は暴力なんて無縁だったし、夫との結婚生活もとても順調で問題はないの。そういう意味じゃ不思議よね。『あなたが興味を持ちそうな仕事があるんだけど』と知人に誘われたのがきっかけなのよ」

ここで働きはじめて16年。地元ではちょっとした有名人らしく、レストランにいても「やぁ、マルティ、調子はどうだい？」と、あちこちから声がかかる。

マスコミでインタビューを受けたり、全米各地で講演をすることも多い。最近は、全米の医療関係者の間でドメスティック・バイオレンスに対する関心が高く、医師相手に講演する機会が増えたという。

「努力のかいあって、法律も社会も大きく変わった。信じられないぐらいにね。これからもまだまだ仕事はたくさんあって忙しいわ。だけど、わたしは楽観主義者ですからね」とマルティは笑う。

執念で追いかけてくるＤＶ加害者の追跡を食いとめるため、シェルターの所在地は厳重に秘す、というのが従来のやり方だ。

それに対して、「悪いこともしていない被害者が、なぜ、こそこそと身を隠さねばならないのか」と、堂々とシェルターの看板を表に掲げ、住所を明かす施設も、近年、アメリカでは増えてきているという。


それに比べ、日本の現状はどうだろうか。

そんなわたしの心情を見てとったのか、マルティは静かにこう言った。

「このセンターは確かにすばらしいわ。だけどほんとうは、ドメスティック・バイオレンスという犯罪が世のなかから消えてなくなって、こんな施設が用無しになることが、いちばんすばらしいことなのよ」


２０００年夏、マルティとわたしは東京で再会した。彼女を紹介したわたしの本がきっかけで、「全国女性シェルターネット東京フォーラム」の基調講演者として招かれ、日本のシェルター関係者や研究者らと交流をしたのである。

「数年前、取材のためにあなたがピッツバーグにやってきて、そして、いまわたしが東京にいる。ＤＶ運動をやっていておもしろいのは、こういう出会いがあることよ。それが世のなかを変えていくの」

彼女はそう言って、再会をとても喜んでくれた。

この会議で、ドナの写真のスライド・ショーを上映できたことも、わたしにとっては感慨深い出来事であった。

上映では、ハンカチで涙をぬぐう観客の姿が目立った。ドナが捉えたドメスティック・バイオレンスの真実は、日本人の心も揺さぶったのだ。

女性たちの苦悩に、洋の東西はない。

そして演台に立ったマルティは、かつてわたしに諭したのと同じ力強さで、講演の最後をこう締めくくった。

「同じゴールを目指して力を合わせていけば、世界中のすべての子どもたちが暴力のない家庭で育つ日が必ず来る。わたしはそれを信じています」

終章

香澄のその後

「誘拐ではない」と突き放され

最後に、香澄の話に戻ろう。

息子を連れ去られた香澄はその後、どうしたのだろうか。

彼女は茫然自失の日々を送っていた。

着替えも、大好きなおもちゃも持たずに行ってしまった。ごはんはちゃんと食べているだろうか。病気などしていないだろうか――心配で、不安で、やりきれなかった。

こんなことなら、ずっとわたしが殴られていればよかった。心からそう思った。

絶望の淵にあっても、会社には行かねばならなかったが、仕事に没頭することで気が紛れ、逆に救われた面もあった。そうでなければ、ほんとうに気がふれていただろう。

そして、家に帰れば泣いた。ただ、ただ泣いた。

しばらくたつと、夫から電話が入った。

「もう戻らない。一生息子には会えないぞ！」と脅かされた。

各地を転々としているらしく居場所はわからなかったが、息子の生存だけは確認でき、ほっと胸をなで下ろしたのだ。

「オマエのせいで息子はこんなに苦労してるんだ！　拓矢がかわいそうだと思うなら、金を送れ！」

そんな内容の電話もあった。

「ともかく離婚を成立させて、それから息子を捜しに行こう。彼も父親なんだから無茶はしないはず。所持金がなくなれば帰ってくる」

香澄は自分を律し、法的手続きを進行させることにした。

〝犯人〟が父親である限り誘拐とは認められず、警察も手を貸してはくれなかったからだ。

相手が居所不明なら調停再開は不可能である。そこで、地方裁判所に離婚請求の訴えを起こした。

夫がいつ戻ってくるかわからない以上、事業の継続は無理と判断し、会社をたたむことも決めた。負債を増やさないためにも、それが最善の方法だった。会社の処分に伴う諸経費はすべて香澄が負担した。

だが、そんな香澄の動きを夫に知らせる者が身近にいたのだろう。

2ヶ月半後、夫は息子を連れて突然姿を現し、「勝手に裁判をすすめるのは不当だ」と、申立てたのである。

壊れてしまった息子の心

長い間不自由な生活をしていたせいで、すっかり息子は混乱していた。

怖い夢に追いかけられ、夜中に突然大声で叫ぶのである。逃亡中のことは話そうとしなかったし、香澄も無理には聞かなかった。

それ以降、夫の面会の要求は支離滅裂になった。24時間、いつ連絡があるか予測がつかない。そして、

「オレの子どもなんだ！　いますぐ連れて来い。いますぐだっ」

と主張する有り様。以前にも増して父親を怖がっていた息子は嫌がり、

「行きたくない！　ママと遊びたいんだよぉ！」

と泣き叫び、香澄にすがった。


嫌がらせはなおも続いていた。

玄関のベルを鳴らし続ける。無言電話もひっきりなしで、息子は電話の音に極端におびえるようになった。

電話に毛布をかぶせ、ついにコードも抜いたが、今度は携帯電話のベルが鳴った。携帯の電話番号は何度も変えた。

しかし、その都度、新しい番号を探し当ててかけてくる。メールボックスをあさり、電話料金の請求書を盗み見て番号を調べているのだと気づいて、郵便物はすべて局留めにした。

会社にかかってくる電話は取り次がないよう頼み、尾行にも注意した。

頼みの裁判はうまく進まなかった。

「妻と妻の母親が息子を虐待している。妻は母親としてふさわしくない」という主張を繰り返す夫。

「妻は仕事、仕事と満足に子育てもせず、浮気までしている。妻はわたしから無断で仕事や家も取り上げた。妻との結婚でわたしの人生はめちゃくちゃになり、酒におぼれた。だがわたしは息子を手放したくないし、息子のためにも妻とやり直したい」

そんな涙ながらの〝名演技〟に圧倒され、裁判官も彼の証言に真摯に耳を傾けている。


このままでは正反対のわたしの主張がつくり話のように受け取られてしまう……。

香澄はこみ上げてくるくやしさに唇を噛んだ。ドメスティック・バイオレンスに対する世間の無理解をまざまざと見せつけられ、深く傷ついたのである。


とにかく離婚さえできればいいと、過去の夫の暴力の数々を強く訴えなかったのも裏目に出た。

「夫婦げんか程度。暴力などふるっていない」と夫は平気でしらを切るのだ。

肋骨にひびが入った際の病院の診断書も改めて書いてもらい提出したが、「その日は腕にギブスをはめており、殴ることなど不可能だった」と、夫側は主張。診断書まで提出した。

確かにその暴力の数週間前、夫は腹立ち紛れに自分で壁を叩き、腕を損傷、治療していた。だが、そのケガはとっくに治り、当日はギブスなどつけていなかったのだ。

香澄は「まるで探偵みたいに」夫の身辺を調査し、やっと「問題の日の1週間前に診察したが、そのときすでにギブスははめていなかった」旨の証言を得た。

これが夫の嘘を法的に論破した唯一の証拠となったのである。


一方、息子の精神状態はますます不安定になった。

心配になった香澄は医者を訪ね、精神的に崩壊してしまう直前の危険な状態だと診断された。不眠症もひどく、人格が分裂する恐れもあるという。

香澄は狼狽した。とり急ぎ、児童虐待を受けた子どものケアを専門とする病院で治療をはじめることになり、香澄は職場と病院の往復に明け暮れるのである。


そのころ、香澄の仕事は忙しく、心身ともに疲れきっていた。

もちろん、いちばんの犠牲者は拓矢くんだが、香澄にしても夫への恐怖が薄れたわけではない。通院の道中も、どこかで待ち伏せされていないかと神経をとがらせていた。

これ以上、母親と父親が罵り合う姿を息子に見せたくない、との思いも強く、夫との接触はどうしても避けたかったのだ。

先の見えない不安に、人生を投げ出してしまいたい衝動にもかられた。

「ここに飛び込めば、楽になれるかもしれない」

走ってくる電車に吸い寄せられそうになったことが何度もあったという。


当時の彼女の痛々しい姿は、わたしの記憶にも鮮明に残っている。

夏休みで帰国したわたしは、待ち合わせ場所に現われた彼女をひと目見て驚いた。半袖の夏服がやつれた彼女のか細い体を無残に際立たせている。

「夜もあまり寝てないの。こんなにしっかりご飯を食べるのは久しぶりだわ」

力なく笑う香澄。その顔には生気がまるで感じられなかった。


その年の秋には地裁の判決が出て、妻側が全面勝訴した。暴力についても妻の主張が認められ、子どもの親権も妻にわたった。

提訴から7ヶ月。ようやく離婚が認められたのだ。


しかし、これで一件落着とはいかず、夫は控訴。舞台は高等裁判所へと移るのである。

「法律や社会はわたしを守ってくれない」

当初、高等裁判所の判決はすぐに出るといわれていた。

だが、一刻も早く離婚を成立させたいとあせる香澄をあざ笑うかのように、この裁判もスムーズには進まなかったのである。


夫側は相変わらず突拍子もない嘘ばかり並べていた。

一方、自分の主張が真実だと証明しようにも、妻側にはそれを裏づける証拠は少ない。

「これでは不利だ。わたしの話は信じてもらえないのだろうか」

不安ばかりが先に立ち、香澄は苛立ちを深めていった。


もとより、暴力の現場は密室であり証人はいない。恵子さんをはじめ上申書を書いてくれた友人もいたが、「君子危うきに近寄らず」という周囲の態度には落胆していた。「香澄の味方をすればどうなるか、わかってるだろうな！」という夫の度重なる脅迫が効いていたのである。

たとえば、夫はマンションの売買契約を「自分は関知せず妻が勝手に行った」ことにしていた。そこで真実を知っている不動産業者に、証言をさせまいと圧力をかけていたのだ。誘拐の一件は「妻も承知のうえの単なる旅行」であり、「妻は自分の留守中に会社を勝手につぶした」ことになっていた。

スタッフにあてた遺書のような置き手紙は、その嘘を覆す証拠であったが、これも提出させないよう手を回したのである。

「『偽証して』と頼んでいるわけじゃない。ただ真実を話してほしいだけなのに、協力してくれる人がいなかったのよ」

孤独な闘いを強いられた香澄の無念はいまも晴れない。

さらに夫側は、息子が自分で転んでつくった青痣《あざ》を写真に収め、「祖母が息子を虐待していた証拠」として提出。

香澄の人格を攻撃し、「原告は嘘ででっち上げた虚構の世界に生きている。実の息子や夫にさえ暴力をふるう、言葉と行動が一致しない人間なのである」と書き連ねた上申書まで用意したのだ。

どうしてこんな屈辱を受けねばならないのか。

香澄は絶望のあまり、法廷で気を失いそうになった。驚きや怒りや、さまざまな感情が一気にこみあげてきたのである。

結局、思った以上に裁判は長引き、香澄は3回も法廷に出頭した。その場で夫と顔を合わせるだけでも、精神的には相当な負担である。夫に対する恐怖心も消えてはおらず、また、いわれのない中傷で辱められる法廷でのせめぎあいも、とても耐えられるものではなかった。

閉廷後、夫につかまることも怖れていた。そこで母親は正面玄関、香澄は裏口と二手に分かれて相手をまき、外に出るとすぐさまタクシーに飛び乗った。

そんななか、本格的に逃げる計画も立てた。遅きに失した感もあるが仕方がない。密かに賃貸のアパートを借り、夫が出廷している隙に、急いで引越しを済ませることにした。

当然、香澄も裁判所にいるので、恵子さんが休みを取り、引越しを万事取り仕切ってくれた。引越し業者に事情を話すと、涙を流しながら同情し、無理な注文でも引き受けてくれたという。

しばらくは夫側に引越しを悟られないように、恵子さんや香澄の母親が空室となったマンションに行き、夜に明かりを灯すなどして在宅を装った。

親身になってくれる恵子さんに、香澄の母は何度も頭を下げ、礼を言った。

「もう少しの辛抱ですよ。離婚が成立したら、のんびり温泉にでも行きましょうね」

恵子さんはつとめて明るく笑った。

「いいわねぇ。温泉でもどこでもパーっと行きましょう」

もう少し。ほんとうに、あともう少しだった。


1998年の春。ようやく高裁での判決が出た。

結果は地裁と同じく妻側の勝訴。親権も母親にわたった。

今度は夫側も控訴せず、翌月、晴れて離婚が成立した。別居に踏み切ってから2年半。

長い長い道程だった。

「暴力よりも何よりも、いちばん腹立たしかったのは、離婚裁判に時間がかかったこと。その過程で精神的に消耗したのよ。法律や裁判所は自分を守ってくれるものだと信じてた。でも、そんなことはなかった。結局、わたしは法律に苦しめられたんだわ」

すべてを振り返って、香澄は今日こう語るのである。

「幸せな結末」を探して

「こんな日がほんとうにくるなんて。半ばあきらめていたから、まだ信じられないの。拓矢もわたしもね」

いま、ようやくふたりは、穏やかで静かな日々を取り戻しつつある。

だが夫、いや元夫は完全にあきらめたわけではないらしい。

幼稚園に片っ端から電話をかけて、同姓同名の子どもがいないか調べているという噂も聞いた。住民票は移さず、自宅の連絡先も身近な人にさえ教えないという徹底した防御策が奏功して、まだ居所は知られていない。

拓矢くんも、少しずつ子どもらしい明るさを取り戻している。

セラピストに通い心理療法も行っているが、いまでも「ここは安全なの？」「どこかで見張ってるんじゃないの？」とおびえている様子には心が痛む。

街で父親に似た男性を見かけると、こそこそと隠れるのである。

「パパ、死んでしまったらいいのにね。埋めてしまいたいね」

そんなことさえ口にするのだ。

いろんな傷が癒えるまでには、たくさんの時間が必要なのだろう。

先日、元夫は息子に対する面接交渉権の審判を家庭裁判所に申立てた。あくまで闘いを続けようとする相手の態度に、香澄は新たな不安を掻き立てられている。

心のなかに封印しようとした暴力の記憶も、いまだにフラッシュバックとなり彼女を苦しめている。

現在の状態は、彼女の言を借りると、「傷口にやっとできたかさぶたをひきはがされ、また血がにじんでいる」ようなもの。

「まだすべてが終わったわけじゃない。これからも永久に終わりなんてこないんだわ。きっと」

あきらめにも似た思いが彼女を支配している。

しかし、たとえ牛歩のような歩みでも、確実に香澄は前へ進んでいる。そのことをどうか忘れないでほしいとわたしは願う。

もうひとつ大切なことがある。

ある意味で、闘いはまだはじまったばかりだということだ。

目に見えない心の傷は深く、子どもの世代へと続く暴力の鎖を断ち切ることは難しい。

虐待の被害者が、次世代の加害者になるという皮肉な悲劇の筋書きを、どうすれば幸せな結末に変えることができるのか。

香澄はこれからその答えを探していかねばならない。


いや、彼女だけではない。

香澄の元夫も拓矢くんも。ＤＶの被害者も加害者も。男性も女性も。

そして、あなたもわたしも。

ＤＶ防止法ができて15年が経ったいまも、たくさんの〝香澄〟が理不尽な苦しみと闘っている。これは、わたしたちひとりひとりに課せられた、重い課題なのだ。

おわりに

ＤＶ防止法成立時に比べ、マスメディアがドメスティック・バイオレンスを取り上げる機会は、残念ながら減っている。

世間一般の関心が薄くなったからといって、問題が解決したわけでも、被害が減少したわけでもない。いま、この瞬間にも新たな被害者が生まれ、その生命が脅かされていることに変わりはなく、保護や支援の現場では待ったなしの緊迫した状況が続いているのだ。

そんななか、本書を発行できた意味は大きいのではないだろうか。

本書のベースになったのは、ＤＶ防止法の成立前後に出版した書籍や、折にふれて雑誌に発表したルポなどである。とりわけ書籍は、ドメスティック・バイオレンスをテーマにした一般書の先駆けといえるものだったが、かなり前に絶版になってしまった。

今回の出版にあたり大幅に編集を加えたが、内容の根幹をなすドメスティック・バイオレンスの本質、マインドコントロールと虐待のメカニズム、被害者・加害者の心理は不変のもの。ＤＶの認知が広がったいま、改めて世に出すことで、深い共感や幅広い理解が得られるのではないかと期待している。

もちろん、日本の被害者の現状や、にわかに注目を集めているモラル・ハラスメントなど、今日的なテーマも盛り込んだ。

特に力を入れたのは子どもへの影響と脱暴力の取り組みについてである。暴力のある家庭で育ち、親のドメスティック・バイオレンスを目撃した子どもたちは、たとえ自身が直接虐待されていなくても心に深刻なダメージを受ける。それが長期にわたって子どもたちを苦しめ、ひいては社会に悪影響を及ぼすことに、わたしたちはもっと敏感になる必要があるからだ。


出版の機会をくださった干場弓子社長はじめ、ディスカヴァー・トゥエンティワンの皆さんに深く感謝するとともに、真実を伝えることの意義を理解し、取材に協力してくださった方々、とりわけ香澄をはじめとする勇気ある被害女性のみなさんに、改めてお礼を申し上げる。

なお、体験を話してくださった日本女性の名前は、原則として仮名であることを付け加えておきたい。

ドメスティック・バイオレンスは、誰にとっても他人事ではない。

そして、最大の被害者は子どもたちである。

その事実をしっかりと受けとめて、被害女性や子どもたちの〝見えないＳＯＳ〟に目を向けてほしい。

問題の根は深く、暴力のない社会への道のりは遠い。

ときに絶望的な気分になるが、わたしたちひとりひとりの暴力根絶を願う心が、社会を変える力になると信じたい。


いま暴力に苦しんでいる人たちが一歩前へ踏み出す力を持てること、自立へと歩み出したみなさんの新しい生活が一刻も早くゆるぎないものになることを祈りながら筆を置く。

得体の知れない恐怖に怯えるあなたが
「自分自身を取り戻す」きっかけをつかめますように――。

２０１６年５月

梶山　寿子

本書は2011年に小社より発売した電子書籍『ドメスティック・バイオレンスの真実』に大幅加筆・再編集を加えたものです。

ディスカヴァー携書 167

夫が怖くてたまらない

発行日　2016年6月20日　第1刷

Author　梶山寿子

Book Designer　遠藤陽一（DESIGN WORKSHOP JIN,Inc.）

Publication　株式会社ディスカヴァー・トゥエンティワン
〒102-0093　東京都千代田区平河町2-16-1 平河町森タワー11F
TEL　03-3237-8321（代表）
FAX　03-3237-8323
http://www.d21.co.jp

Publisher　干場弓子
Editor　藤田浩芳　木下智尋

Marketing Group
Staff　小田孝文　中澤泰宏　吉澤道子　井筒浩　小関勝則　千葉潤子
飯田智樹　佐藤昌幸　谷口奈緒美　山中麻吏　西川なつか
古矢薫　米山健一　原大士　郭迪　松原史与志　中村郁子　蛯原昇
安永智洋　鍋田匠伴　榊原僚　佐竹祐哉　廣内悠理　伊東佑真
梅本翔太　奥田千晶　田中姫菜　橋本莉奈　川島理　倉田華
牧野類　渡辺基志　庄司知世　谷中卓
Assistant Staff　俵敬子　町田加奈子　丸山香織　小林里美　井澤徳子
藤井多穂子　藤井かおり　葛目美枝子　竹内恵子　伊藤香
常徳すみ　イエン・サムハマ　鈴木洋子　松下史
永井明日佳　片桐麻季　板野千広

Operation Group
Staff　松尾幸政　田中亜紀　福永友紀　杉田彰子　安達情未

Productive Group
Staff　千葉正幸　原典宏　林秀樹　三谷祐一　石橋和佳
大山聡子　大竹朝子　堀部直人　井上慎平　林拓馬
塔下太朗　松石悠　鄧佩妍　李瑋玲

Proofreader　文字工房燦光
DTP　株式会社RUHIA
Printing　凸版印刷株式会社

ISBN978-4-7993-1916-1

携書ロゴ：長坂勇司
携書フォーマット：石間　淳